# AL THOTH ASH

# LIBER 5

## Mantra Mudra Tantra

# The M Foundation

Indice

# I - **Scopo del Liber 5**

Questo libro richiede attenzione e concentrazione a più livelli.

Per chi non ha prima d'ora incontrato lo Yoga e le altre tecniche di concentrazione attiva, vengono offerte le conoscenze di base per esperire i benefici della pratica, anche da sé.

Chi ha già cognizione delle tecniche di base, senz'altro troverà all'interno di questo scritto prospettive ulteriori che generano connessioni innovative e insieme tradizionali che possono utilmente essere sperimentate in gruppo o in coppia.

Queste intersezioni potranno risultare interessanti anche a chi già possiede conoscenze avanzate in questi ambiti, per la loro spinta ad osservare da una inquadratura che ha l'effetto di disporre il lettore a vedere in chiara luce come questi sistemi, in modo indipendente e lontano nel tempo e nello spazio, si siano sviluppati parallelamente in tutte le tradizioni.

Questa reciproca indipendenza di forme espressive che però appaiono manifestamente convergenti, esprime la natura di un ordito che investe le componenti dell'inconscio collettivo, gli archetipi universali della condizione umana.

Infine, la parte conclusiva del lavoro chiede la piena concentrazione del lettore affinché si produca la comprensione intellettiva della condizione di illusione in cui la vita ordinariamente si svolge.

In questo modo il Liber 5 dispone i criteri attraverso i quali l'esercizio sistematico può giungere alle dimensioni qualificate (Pranayama per il lavoro individuale, Dramma Rituale per il lavoro di gruppo, Tantra per la coppia), inquadrando queste estensioni nella loro perfetta traiettoria, che è aperta alla materia più grezza come agli spiriti più sublimi.

)(

## II - **Tecniche primarie dello Yoga:**
### Pranayama, Mudra e Mantra.

Nell'introdurre i tre strumenti di base, occorrerà innanzi tutto dire che il termine Yoga significa essenzialmente "disciplina".

Secondo la tradizione, lo Yoga è uno dei sei *Darśana*, e cioè uno dei sei "punti di vista corretti" sulla verità. Non possiamo fare a meno di rilevare che già l'idea di *punto di vista sulla verità* è fonte di sorpresa per chi è stato educato all'interno di un sistema di valori fondamentalmente privo di spiegazioni perché dogmatico.

Dovendo introdurre le tecniche primarie dello Yoga, sarà opportuno preliminarmente inquadrare lo Yoga all'interno degli altri Darśana, che possono essere così enumerati: Samkhya, Mimansa, Vedanta, Vaisesika, Nyaya.

Samkhya è, in essenza, la dottrina che dalla comprensione  della necessità che la materia sia riscattata dalla sua natura inerte (apatica) oppure infuocata (dalla passione) trovando equilibrio nella leggerezza della luce.

Mimansa è indagine delle leggi del Karma (ciò che accade) e del Dharma (ciò che deve accadere), impegnando la volontà dell'individuo nel trasformare ciò che accade in ciò che deve essere adempiuto.

Vedanta è la dottrina delle Upanisad, il commentario dei testi Sanscriti più antichi, i Veda, che affermano la dottrina dell'idea pura trascendente, l'indivisibile unità che non ammette separazione (Advaita).

Vaisesika è la comprensione degli elementi che compongono la materia e delle loro forze dispersive, che devono essere ricondotte ad unità.

Ciò che rende interessante lo Yoga è che in questa dottrina precipitano elementi di metodo per ottenere il controllo su se stessi e sulla propria volontà rettamente intesa, che poi è il fine della conoscenza.

*

Secondo la tradizione classica dello Yoga, si possono distinguere due fasi in questo cammino.

La prima, chiamata *Hatha Yoga*, comprende i presupposti essenziali: Yama (non uccidere, non rubare, non cedere alla lussuria, non mentire); Niyama e Asana (eseguire i riti con scrupolo); Pranayama (controllo del respiro); Pratyahara (completezza del dominio di sé).

La seconda parte, *Raja Yoga*, presuppone i contenuti dello Hatha Yoga e, dominando questi, promette di ascendere al Dharana (sfera immanente della natura), Dhyana (sfera trascendente dello spirito), Samadhi (illuminazione) e Nirvana (assorbimento nell'estasi del cosmo).

Ai fini degli scopi di questo Libro 5, questi concetti non richiedono di essere spiegati ma solo accennati per allusioni, con l'intendimento di accendere nel lettore la scintilla.

Considerato l'orientamento alla pratica che questo scritto ha scelto, si sceglie di dirigersi alle tecniche di base.

Come si è visto, il controllo del respiro (Pranayama) è quarta fase dello Hatha Yoga.

In realtà, le prime due (Yama e Niyama) non sono vere e proprie fasi, quanto piuttosto prerequisiti determinati dalle qualità innate dell'individuo.

La prima fase d'apprendimento è dunque la terza, Asana, che poi rappresenta il sistema di conduzione del corpo a flussi di energia obbligati.

Si tratta di posizioni del corpo che richiedono di fissare la tensione e dunque la concentrazione sulla colonna vertebrale.

Anche le posture più semplici hanno comunque un grado di complessità, e spesso le persone che provano a sostenerle riescono con difficoltà a mantenere anche le posizioni più elementari.

Effettivamente, gli insuccessi nel mantenere una Asana per un periodo significativo (quando addirittura non si tratti apertamente dell'impossibilità di tenere quelle posizioni), tendono a scoraggiare chi si accosta allo Yoga.

Non a caso un tentativo di semplificazione ricorrente in Occidente è quello di interpretare radicalmente *Asana "qualsiasi posizione comoda"*.

A ben vedere, questa affermazione è parimenti fondata e infondata.

È fondata, perché la base logica dell'Asana è quella di condurre l'individuo che l'assume a una condizione di comodità e di concentrazione (specialmente sulla colonna vertebrale).

È infondata, perché assumere una qualsiasi posizione comoda non permette di attivare quella speciale concentrazione sulla colonna vertebrale che le posture tradizionali inevitabilmente richiedono.

Seguendo un'interpretazione ortodossa, a questo punto si introdurrebbe una separazione tra quanti hanno la predisposizione ginnica a poter sostenere le posizioni delle Asana tradizionali e quanti invece non riescono.

Sebbene si debba riconoscere che la proprietà con cui si assumono le posizioni delle Asana è senz'altro utile ad una migliore effettività dello Yoga, questo modo di vedere tuttavia assumerebbe una posizione preclusiva, che avrebbe come effetto quello di impedire a chi non ha questa versatilità ginnica un'esperienza comunque estremamente importante e necessaria.

Sì, perché la dimensione dello Yoga conduce all'attivazione di stati psichici assolutamente importanti e necessari per un equilibrio psicofisico fondato sulla crescita della consapevolezza: perché questo cammino si manifesta comunque a chi lo intraprende.

Ed ecco anche il perché si privilegiano qui due tecniche di base che non sono tra i punti decisivi dello Hatha Yoga, e cioè *Mudra* e *Mantra*.

Delle tre tecniche di base di cui si discute, infatti, soltanto il Pranayama fa parte in modo riconosciuto delle tecniche primarie Hatha Yoga.

Il Pranayama è il controllo del respiro, intendendosi con questo concetto l'esercizio della respirazione cosciente, con teniche fondate sui percorsi di inspirazione/espirazione, la gestione della pausa e l'uso continuo o discontinuo delle narici (o di una sola di questa) e della bocca.

Si può affermare che il Pranayama è l'essenza dello Hatha Yoga.

Le due tecniche ulteriori (Mudra e Mantra) non possono essere considerate come elementi essenziali dello Yoga, quanto piuttosto elementi accessori che consistono in aiuti alla concentrazione (alla persistenza nell'Asana).

I *Mantra* sono frasi rituali che si pronunciano in modo reiterato e liturgico, che devono penetrare la mente e in essa devono risiedere in modo stabile, al fine di operare una purificazione della coscienza.

Nella tradizione, i Maestri ripetutamente affermano che il puro respiro (Pranayama) è superiore alla parola (Mantra). Tuttavia, non è dissimulato il riconoscimento che il Mantra è un formidabile strumento per mantenere a lungo la concentrazione e, allo stesso tempo, allineare il respiro per effetto stesso del dover pronunciare quelle parole.

L'allineamento del respiro è poi il perfetto veicolo per l'allineamento della volontà individuale con quella trascendente.

In modo perfettamente analogo e complementare le *Mudra* (che sono posizioni di equilibrio tra le dita delle mani) permettono di stabilire con grande semplicità e facilità delle posture ieratiche e di tensione energetica anche a chi ha maggiori difficoltà nell'assumere le posizioni delle Asana, permettendo così a chiunque ne abbia l'interesse e l'intenzione di formalizzare la sua esperienza nello Yoga.

Acquisita la consapevolezza del gesto, risulterà comprensibile l'idea che le Mudra siano sigilli della volontà attraverso una posizione del corpo.

*

Per chi volesse derivare esperienza diretta di queste tecniche, tra i diversi sistemi di Mudra e Mantra, si propone in appendice una sequenza integrata di Mudra ( मुद्रा ) e Mantra ( मंत्र ), con l'indicazione dei riflessi sulle parti del corpo.

*

Il fine dello Yoga è risolvere la contraddizione che porta a scambiare l'impuro e l'impermanente con il puro e il permanente, sulla base dell'assunto che l'ignoranza conduce a prendere per vero ciò che vero non è.

Assunto che il nostro progredire nella conoscenza è ricordare, poiché noi esistiamo da sempre, lo Yoga conduce a ottenere il ricordo chiaro, certo e indubitabile che ognuno di noi è un ente libero, eterno, immortale.

*

Nel testo fondamentale di questa tradizione, lo *Yogadarsana* di Patanjali, si afferma che lo Yoga è la sospensione delle modificazioni della mente (I,2), che il controllo delle modificazioni avviene con l'esercizio costante e il non-attaccamento, la consapevole padronanza di colui che ha cessato di aver sete di oggetti visibili e udibili.

Questo insegnamento è perfettamente congruente con l'Advaita Vedanta e il gran gioiello della discriminazione di Samkara (il trattato sotto il titolo *Vivekacudamani*), in cui si afferma (69) che il primo gradino che porta alla liberazione è il distacco dalle cose periture.

A questo punto, se ancora non siamo pronti per gettare la maschera, siamo però in condizione di indossarla con consapevolezza.

## III - L'uso delle Maschere

Introdotto il concetto dell'aleatorietà di ciò che riteniamo "vero", a questo punto si può manifestare la maschera nel suo valore archetipale, e cioè come immagine perfetta di manifestazione del dio.

Definito il concetto di archetipo secondo l'accezione che gli viene attribuita nella psicologia del profondo di C.G. Jung (e cioè come struttura di manifestazione dell'inconscio collettivo), si può affermare con ferma chiarezza che l'uso delle maschere è costantemente, presso tutte le culture primitive e originarie, strumento di comunicazione tra il mondo reale e mondo degli dei.

Questa comunicazione, intesa come permeabilità tra mondo reale (coscienza, ragione razionale) e mondo ideale o degli archetipi (inconscio, irrazionale, mito), è effettuata dal sacerdote che, indossando la maschera, ha il potere di sperimentare l'estasi che comporta l'identificazione con il dio evocato.

L'identificazione del sacerdote con il dio attraverso la maschera è una costante che si ritrova presso le culture Africane così come presso gli antichi popoli che abitarono la Mesopotamia – e Tammuz, dio dei Sumeri, con i suoi tamburi e le danze vorticanti, non è diverso dal Dioniso degli Orfici.

Al di là dei simulacri che manifestano la variante cromatica specifica del dio, l'archetipo che sempre riverbera è dato dalla costante che si ripete al di là del tempo e dello spazio, e cioè il potere evocativo delle forze essenziali della vita che la maschera conferisce a chi la indossa, trasformandolo, per tutta la durata del rito, nel dio evocato.

Questa funzione si ritrova invariabilmente in tutte le tradizioni, dai riti africani a quelli amerindi di Maya e Incas, come nella Cina Shintoista, dimostrando come la maschera – senza dipendere dalla forma contingente nello spazio e nel tempo – è rivelatoria di un archetipo, la cui ontologia è determinata dall'identificazione telestica tra il dio e lo sciamano che lo riceve nel rito.

Con lo strutturarsi delle società, spesso questa funzione è stata messa al bando dalle leggi (come accadde in Grecia quando Platone si schierò contro i culti dionisiaci e come avvenne ancor più quando il Cristianesimo divenne la religione dell'impero Romano), respingendo la funzione *telestica* (etimologia greca che reca il significato di ciò che oggi gli inglesi chiamano *channelling*, la capacità di condurre un'energia manifestata), come esecrabile pulsione orgiastica verso la magia.

Per sopravvivere, la tradizione sciamanica si è dunque adattata, spesso dissimulando le sue origini fino a degradare nel grottesco e nel comico, spesso comunque con effetti meravigliosamente artistici, come nel caso della Commedia dell'Arte della miglior tradizione italiana.

Un'analogia molto interessante può esser fatta con la tradizione giapponese, dove le forme originarie del teatro cerimoniale *kamigakari* e *gigaku* (dove le maschere in forma di testa di leone, di uccello o di entità esprimono sempre un valore intenzionalmente sovrannaturale, di possessione divina) si è trasformata nelle forme ritualizzate del teatro Nô, dove questa tensione originaria è stata stemperata mediante l'assorbimento di elementi del comico e della tradizione popolare, sebbene mantenendo una dimensione ieratica di forte potere evocativo.

Questa permeabilità tra dimensione ieratica e tradizione popolare si riscontra anche in forme di adattamento contadine. Il repertorio italico fornisce un ottimo esempio co il caso della danza di possessione dissimulata nel "ballo di San Vito" - come ha mirabilmente rivelato Ernesto De Martino nel memorabile scritto "Sud e Magia" - in cui riverbera la danza di possessione dei tarantolati, residuo di follia dionisiaca stemperata nelle molteplici forme della "Tarantella" in cui risuona la danza dettata dall'aculeo della tarantola che punse la cavalla Iò.

O ancora, in maniera più sofisticata e allegorica e insieme più corrotta e popolare, mediante la trasfigurazione comica delle maschere della Commedia dell'Arte.

# IV - Il lavoro sugli Archetipi

Compresa la natura della Maschera, occorrerebbe trovare adesso il modo compiuto per toglierla. Da questo punto di vista, la maschera si rivelerà emblema della difficoltà della completa accettazione di sé stessi e della possibilità di accedere all'integrazione tra coscienza e personalità.

La maschera è dunque strumento che, al di là delle originarie ragioni estatiche, si manifesta alla coscienza contemporanea come simbolo della volontà scissa dell'individuo.

In questo senso si può cogliere un elemento in apparenza moderno nella coscienza della maschera, determinato cioè dalla identificazione tra la persona che la indossa e il dio evocato, come avviene nei rituali iniziatici, come ad esempio nel celebre caso del sistema della Golden Dawn, in cui la persona che indossa la maschera è chiamata ad una piena identificazione con il dio, inteso come manifestazione del proprio io perfezionato.

L'identificazione con la maschera del dio assume quindi un valore trascendente che consiste nella lotta contro il senso del falso ego, rimuovendo i condizionamenti dettati dalla mutevolezza e dalla vanità della volontà esteriore, orientando la coscienza verso l'integrazione con la verà volontà.

In breve, il paradosso determinato dall'incontro con la maschera del dio – e cioè con il daymon, l'archetipo profondo dell'inconscio collettivo che la maschera è chiamata a rappresentare – comporta il disvelamento delle mille maschere contingenti della falsa rappresentazione del desiderio momentaneo.

Lo Yoga e le tecniche di respirazione cosciente costituiscono la base per la comprensione delle funzioni superiori dell'identità, permettendo alle componenti istintuali di procedere per assorbimento verso il sé superiore.

Nelle dottrine orientali – con grande assonanza rispetto a certe descrizioni della tradizione cabalistica – si dice infatti che ciascuno di noi è costantemente in contatto, sebbene in modo latente – con il proprio sé perfezionato.

Questo contatto si verifica quotidianamente attraverso il nucleo più profondo dell'inconscio, che si manifesta nel momento del sonno più profondo, quando la mente è totalmente distaccata e non è agitata da nessun sogno.

Questo momento è dato a tutti, salvo a coloro la cui coscienza sia talmente turbata da non poter dormire serenamente. La coscienza popolare, attraverso le sue dimensioni intuitive permette di concepire in maniera chiara la concretezza di questa dimensione mediante l'immagine dei rimorsi della coscienza che riverbera nella condizione del sonno agitato dagli incubi e, definitivamente in iperbole, dall'insonnia, il cui complemento invisibile è l'impossibilità del ricongiungimento con l'angelo custode.

Fin quando questa condizione perdura, l'individuo è staccato dalla possibilità di allineare la sua volontà individuale alla vera volontà trascendente.

La descrizione svolta rappresenta un meccanismo psicologico generale che, per intuizione, è riconoscibile sostanzialmente da chiunque sia appena disponibile ad aprire la propria sensibilità.

Accanto (o meglio: dietro) al meccanismo intuitivo c'è poi la comprensione di chi conosce e pratica le tecniche di accensione della consapevolezza: dal controllo attivo della respirazione mediante le tecniche del Pranayama e dei suoi mezzi di supporto (Mantra e Mudra), fino alla composizione attiva dei rituali ieratici.

La base comune di queste tecniche è determinata dalla consapevole proiezione della volontà individuale per l'allineamento con la volontà invisibile.

La proiezione avviene mediante l'identificazione di spiriti che esprimono nuclei omogenei di idee dotate di carica emozionale e magnetica – capaci dunque di suggestionare chi esegue il rito – con il fine di aprire un varco in quella sfera dell'inconscio.

Questa apertura ha l'effetto di generare

una radicale convinzione che, anche quando bilanciata da un sano senso di scetticismo, agisce sui fondamenti dell'inconscio.

Agire sulle componenti degli istinti, sulle dimensioni rimosse, occultate dalla coscienza razionale, ha sempre l'effetto di stabilire – tutte le volte che l'individuo esercita con regolare ripetizione questa attività ieratica quotidianamente – la convinzione che la volontà individuale, se giunge ad allinearsi con la volontà invisibile, non può non affermarsi.

मुद्रा मंत्र तंत्र

## V - Oltre l'Illusione

Di fronte alla maschera del dio s'infrangono tutte le altre maschere. La vacuità delle forme illusorie del desiderio che agitano la volontà individuale si manifesta nella sua inessenziale impermanenza.

L'identificazione con il dio, l'atto sacerdotale per eccellenza, è determinato proprio da questa volontà di abbandonare l'impermanenza e accedere alla dimensione trascendente, il luogo dove incontrare il proprio sé superiore.

Ma anche la maschera del dio si rivela presto quel che è: una maschera, appunto. E, come tale, un'altra finzione. O meglio, non tanto e non semplicemente una mera finzione, quanto una rappresentazione delle pulsioni e degli istinti. Non a caso le maschere chiamate a rappresentare ed evocare gli dei hanno sovente aspetto teriomorfo.

L'iconografia degli dèi egizi è eloquente: le teste di animale valgono ad evocare la struttura delle pulsioni istintuali.

Questa considerazione è di capitale rilievo, specie se si assume il ruolo speciale che queste maschere assumono nei drammi rituali che caratterizzano le cerimonie di iniziazione.

In questo modo la dimensione iniziatica si rivela sempre per quel che è nella sua risonanza più profonda, e cioè consolidamento dell'individuo nel suo assorbimento dell'abitudine a morire e capacità di resistere alla paura del nuovo, forzando questi contenuti in un incessante ripetersi del dramma di morte e di rinascita nelle cerimonie dell'alba e del tramonto.

La coscienza della morte nella vita e della vita nella morte costituisce la base di questo pensiero e di questo modo di comprendere l'esistenza trasmutata nell'essere.

La consapevolezza che già in questa vita si muore molte volte (e qui si potranno ricordare i diversi io che già siamo stati e non siamo o non saremo più, come bambini, come scolari, come studenti, ricordando i lavori precedenti, gli amori, i luoghi attraverso gli anni e tutto ciò che è passato): è qui la base del trapezio di ogni comprensione delle leggi profonde dell'esistenza.

La trasmutazione dell'esistenza (*karma*) in essere (*dharma*) avviene quindi per sovraimposizione della volontà sulla sequenza altrimenti incongruente di avvenimenti subiti e non decisi.

È la volontà che può trasformare la natura dell'individuo, allargandone gli orizzonti, offrendogli opportunità che altrimenti gli sarebbero rimaste precluse, aprendo nuove dimensioni dell'essere.

La volontà (*Thelema*, secondo l'etimologia greca del termine, o *Ratzon*, seguendo la radice ebraica) è dunque lo strumento guida che può permettere di modificare la realtà attraverso cambiamenti negli stati di consapevolezza.

Affinché il termine volontà riluca di questi significati, occorre però che sia depurato dai suoi significanti esteriori e arbitrari.

Fare la propria volontà non significa affatto fare quel che si decide al momento.

Se la volontà razionale è in contrasto con la volontà trascendente, i risultati non possono che essere sensazione di insuccesso e sofferenza.

Per evitare di subire questo stato di ansia, occorre trovare la forza di andare sotto la superficie di queste false rappresentazioni e comprendere che possono essere attirate e adoperate soltanto le forze alle quali si è magneticamente predisposti.

Fare la propria vera volontà significa allineare il proprio respiro al respiro del cosmo e, attraverso l'introduzione della luce astrale nel corpo, introdurre particelle di luce ed espellere gli elementi pesanti. Questo è il significato di emancipazione, liberazione, percorso verso l'illuminazione (bodhisattva).

A questo punto, la maschera potrebbe essere gettata via. Ma sarebbe un errore.

Se si comprende che anche lo stato di illuminazione non è permanente e va costantemente riconquistato, allora sarà chiaro perché la maschera non andrà gettata via.

Piuttosto, la si riporrà con cura in un luogo sicuro e protetto, per tornare  ad indossarla quando sarà il momento.

## VI - La via degli Artisti

Si apre adesso la sezione del Teatro Magico e Alchimistico, un altro genere di follia che può avere carattere terapeutico.

Bisognerà immaginare luoghi di montagna, distanti quanto basta dalla strada percorsa da automobili da non vederla, da non sentirne il rumore. Si potranno immaginare persone venute da qualsiasi parte del mondo e di qualunque nazionalità, parlare in lingue diverse e tuttavia comprendersi.

Si dirigono verso la radura, guidati da qualcuno che conosce il posto, che tiene un ramo di mirto o d'olivo o di lauro, tra le mani. Si dispongono in cerchio, s'accende il fuoco tra le pietre, vi si bruciano grani d'incenso.

Arriva un nuovo coro, fa cerchio intorno al fuoco, iniziano a suonare i percotitori. I tamburi salgono nel ritmo, si fanno più intensi nel loro risuonare. Con il passare dei minuti, si fanno strada dentro al cuore.

Giungerà un nuovo coro, forse saranno in quattro come i Cabiri, oppure sarà uno solo, come Dioniso, oppure saranno in due, come i Dioscuri o, ancor meglio, saranno loro, Ash Lilith et Al Thoth Ash, il fuoco del corpo e il fuoco della mente, ad eseguire la danza, i volti coperti dalle maschere, ad indicare che sono umani, ma che nella loro carne e nel loro sangue fluisce un dio. Di questo berranno.

Danzeranno come non sanno, lasceranno che avvenga. Sarà lei a sbranarlo, o forse sarà lui a tagliarle la testa. Un canto lieve o un suono di flauto riporteranno al luogo.

Dicono che non a tutti sia congeniale la via degli artisti, per il suo carattere sempre incerto e aleatorio, per la sua sostanziale inconsistenza senza solidità. Si contrappone così al sentiero della mano destra, la strada delle professioni, della certezza, del rigore sotto la spada di Themis.

Forse, per il passato questa distinzione così rigida può anche aver avuto senso. Tuttavia, oggi non è così e le sovrapposizioni o i movimenti a spirale che oscillano tra mano destra e mano sinistra sono sempre più frequenti, sia per scelta di vita che per necessità, come in simboli Themis lega Marte a Saturno.

La percezione inequivocabile che il rito si identifica in sostanza con le forze dell'antica magia ha avuto un fulminante cantore nel '900 in Antonin Artaud che, separandosi in questo dalle forme più sbiadite del surrealismo, ha perfettamente inteso la dimensione rituale che presiede e precede il teatro di rappresentazione.

Questo riconoscimento primitivo, in fondo persino intuitivo e istintuale, ha nobili ascendenze nel romanticismo idealista, dove risuona nelle opere di Eduard Schuré e nei costanti richiami all'Orfismo delle prime istanze dello Jugendstil, dell'Art Nouveau e del Modernismo, nonché in un'opera caposaldo dell'epoca, "La nascita della tragedia" di Friedrich Nietzsche.

Cercando le origini del teatro di rappresentazione nel cerchio magico rituale, l'oggetto dell'agire nel dramma rituale torna ad essere la creazione del mito, inteso come struttura vivente e capace di configurarsi come il solvente entro il quale le forme mitiche sono evocate per manifestare le pulsioni dell'inconscio, attribuendo alla condizione del dramma rituale moderno la funzione di indagine dell'inconscio, che poi è l'essenza della magia contemporanea.

La determinazione dell'antropologia strutturale per cui un mito è l'insieme delle sue varianti, fa di queste strutture di narrazione fonti inesauribili, archetipi in cui si sostanziano i modelli perfetti, i paradigmi con i quali confrontare se stessi e le dimensioni del proprio universo inconscio. Questo confronto non è fine a sé stesso: il suo fine è comprenderne le istanze e rettificarle sotto il dominio della volontà.

Così, attraverso i nomi e le immagini, tutti i poteri sono destati e risvegliati.

Questa frase, che si pone a fondamento del ricevimento dell'individuo candidato adepto nella sfera iniziatica, mette in luce il fondamento sublime della visione di luce.

Contrariamente ad ogni interpretazione riduttiva ed estetizzante, questa illuminazione non può risolversi ed esaurirsi in una condizione di estasi psichedelica, ma va ricercata piuttosto nella lucidità trascendentale in cui risiede il potere di essere consapevoli e presenti in spirito.

Dicendo "presenza di spirito", infatti, la coscienza popolare intende bene il significato autentico di questa dimensione, che è data dalla capacità delle individualità illuminate - per grazia o per virtù o per pratica delle tecniche - di essere presenti non soltanto con il corpo istintivo e la mente razionale, ma con la consustanziale capacità di ospitare in sé stessi lo spirito della luce.

मुद्रा मंत्र तंत्र

## VI.1 - **Il Teatro Magico e Alchimistico**

Si è definito, un po' per gioco, un po' perché effettivamente questa definizione è perfettamente espressiva della realtà del teatro utilizzato in chiave alchimistica e magica (e cioè come lavoro sugli archetipi intesi come mezzo per indagare l'inconscio), che questo speciale genere di follia può anche avere valore terapeutico.

Certamente una tale attribuzione è discutibile, e non tutti saranno disponibili a riconoscere questo valore. Così come del resto *fare teatro*, sebbene costituisca sempre un approfondimento e un'amplificazione di contenuti remoti e inconsci, non significa necessariamente fare un lavoro chiaramente riconoscibile per metodo e per intenzione sull'inconscio.

Non a caso, anche in questo modello applicativo, si sono sviluppate diverse tecniche, che vanno dallo psicodramma della scuola di Moreno alla dimensione antropologica della ricerca delle scuole che attraverso il Living

Theater di Julian Beck e l'Odin Teatret di Eugenio Barba risalgono a Jerzy Grotowski da una parte e a Victor Turner dall'altra.

Evocati questi riferimenti dottrinali, possiamo comunque rapidamente prenderne le distanze, perché infine nessuno di questi sistemi è riuscito se non ad accarezzare, a sfiorare appena, l'idea di procedere a ritroso e destrutturare il teatro borghese di rappresentazione fino ad accedere all'eden assoluto della cerimonia rituale.

Dunque, potendo esprimere il nostro giudizio senza dover sopportare timori accademici che sono estranei al nostro percorso (che è libero e assolutamente determinato da nessun'altra forza che non sia l'incrollabile volontà di affermare idee pure di luce adamantina;), senz'altro possiamo affermare che l'azione rituale è il fondamento del teatro, è il momento in cui nasce la rappresentazione. E, in questo momento, può assistere alla rappresentazione soltanto chi ne è partecipe: e ne è partecipe soltanto chi è stato opportunamente istruito e sa cosa deve fare.

Il dramma rituale può assumere molteplici forme. La più arcaica è certamente la litania per chiedere perdono per l'uccisione dell'animale che si porta sull'altare e di cui ci si nutrirà. L'archetipo che qui risuona è Dioniso (ma più remoto: Orione, il cacciatore), che si nutre dell'animale e s'inebria del suo potere vitale (il sangue, poi sostituito dal vino).

Una elaborazione di questo contenuto primitivo è il dramma di morte e di rinascita del Dio, questa volta associato alla ciclicità delle stagioni assorbita dalle trasformazioni del mondo agricolo primitivo, ed associato altresì alla sepoltura dei morti. L'archetipo questa volta è Osiride, che reca comunque molti punti di continuità con il cacciatore, e come questo muore per smembramento del suo corpo.

Queste due primitive strutture archetipiche sono irriducibili a una spiegazione sintetica come quella proposta sopra e necessiterebbero di proiezioni di complessità e approfondimenti dottrinali di proporzioni importanti, come quelli cui abbiamo dedicato alcuni numeri della rivista *Encelado*.

L'irriducibilità ad uno schema fa emergere altri riferimenti, che specialmente investono la dimensione del femminile declinata nei suoi archetipi lunari, di Venere e della completa sintesi del corpo di Nuit.

L'archetipo lunare corrisponde ad una immagine crudele del femminile primitivo, una liminale dimensione di stregherie propiziatorie della caccia e della fecondità.

La sfera di Venere mette in relazione l'acqua e l'aria, rappresentate nella meravigliosa relazione delle maree, con la bellezza del fuoco.

La dimensione perfetta del femminile si completa in Nuit, la volta del cielo stellato, il corpo inarcato di Isis, come riverbera anche nel fantastico acronimo che i moderni ne hanno ricavato: Infinito Spazio Infinite Stelle.

Giunti a questa dimensione di complessità, il rito si perfeziona nella proiezione dell'equilibrio tra maschile e femminile, tra giorno e notte, tra luce e tenebra e da qui si aprono i pilastri del Tempio, la colonna nera e la colonna bianca che segnano l'ingresso nella sfera degli iniziati.

L'uso del teatro in funzione magica e alchimistica diviene dunque la celebrazione perfetta dei drammi rituali che rappresentano la sacralità del tempo, la sublime dedica dell'esistenza allo scopo del perfezionamento mistico dei corpi di luce.

I misteri di Eleusi, con il loro ripetere in forma raffinata i primitivi miti mesopotamici ed egizi, concretizzano la sequenza astrale del mito della caduta di Orione (Urizen) nel fiume Eridano (Yarden), l'usurpazione del suo ruolo nel cielo ad opera di Seth, la discesa di Orione nelle viscere della terra e il suo riapparire come Signore degli Inferi (Ades), l'emergere della forza vitale della terra vergine (la Kore Proserpina), della terra madre (Demetra), dell'atanor inteso come coppa delle fornicazioni (Persefone); la nascita di Dioniso come Arpocrate, figlio del silenzio, e il suo incedere nel baccanale fino a trasformarsi in Ra-Hoor-Khuit (Perseo) e celebrare la distruzione del distruttore, uccidendo l'usurpatore (Seth, lo Scorpione che, mordendo Orione al tallone, lo aveva fatto scivolare nel fiume) e confermando l'equilibrio di tutto nella posizione centrale del sole.

Sono questi gli archetipi essenziali di tutte le dottrine iniziatiche, ed è intorno a questo sistema che gira la Rota Magica delle Stelle rappresentata in simboli ed immagini nel Libro di Thoth. In altra sede sarà data lettura dell'intero Zodiaco di Dendera come allegoria della storia di Orione, così come del resto avremmo già compiuto nel comporre le spoglie de Il Dio dell'Eden.

Al di là di ogni riduttivo tentativo didattico, il Teatro Alchimistico sarà dunque Magia Cerimoniale, come lo erano i Misteri di Eleusi e di Delfi, come questa tradizione proviene dalle cifre remote della Mesopotamia e dell'Egitto, e come lo sono stati i Misteri Rosacrociani e le strutture della Qabala Mistica nel modo in cui queste sono precipitate in Occidente per il tramite della Gnosi filtrata dalle molteplici derive massoniche degli Ordini di Perfezionamento.

Sulla base di queste affermazioni, si comprende come questo sistema non abbia mai cessato di esistere. La differenza introdotta dalla modernità sarà dunque esclusivamente rivolta alla completa chiarezza e alla rimozione del segreto che la condizione del nostro presente permette di concepire e condividere, aprendo questa mirabilissima dottrina dalla esclusiva possibilità di esperienza nelle ristrette cerchie delle aristocrazie ieratiche, verso una nuova apertura alla generalità delle persone, con il fine di generare un nuovo orientamento alla consapevolezza e alla ricerca di un nuovo genere di estasi naturale, orientata all'illuminazione della coscienza.

मुद्रा मंत्र यंत्र

## VI.2 - **Tantra**

Si è detto che il Pranayama, e cioè la tecnica di controllo cosciente del respiro, è la base dello Yoga. Ne costituisce la base in senso proprio, in quanto punto di equilibrio: perché al di sotto del Pranayama sono le qualità etiche individuali che ne costituiscono il presupposto; come al di sopra si pongono gli stati di coscienza più elevati, che tendono alla comprensione chiara delle cose.

Parimenti si è detto che Mudra e Mantra non sono elementi essenziali dello Yoga, quanto piuttosto utili accessori, permettendo di concepire e mantenere una Asana e di concepire e mantenere la concentrazione sul Pranayama.

Dovendo adesso introdurre il Tantra, occorre in primo luogo collocarlo nel punto giusto rispetto alla tradizione. Al fine di questo obiettivo, il riferimento che meglio permette di collocare in modo corretto questa sfera è il trattato *Tantrasara* di Abhinavagupta.

Questo trattato esprime l'essenza della tradizione Tantra Shivaita nella forma in cui questa si è consolidata nel Kashmir dell'anno Mille, e che riprende importanti trattati precedenti, tra cui quelli di Vasugupta (*Spanda Karika*, Poema del Movimento).

Occorre riconoscere che il Tantra è un orientamento che esiste non soltanto all'interno della tradizione Shivaita, ma anche delle scuole del Buddhismo (KalacakraTantra) e Visnuite; e tuttavia questo riconoscimento genera una comparazione in base alla quale si è tentati di affermare che la scuola Shivaita è per la tradizione tantrica quella più autentica.

Il tema centrale del Tantra è la volontà di dissolvere ciò che impedisce la realizzazione dei propri scopi. Per fare questo, occorre dissipare i demoni della realtà illusoria, che sono sempre pronti ad apparire e dichiarare: "non è possibile".

L'etimologia stessa del termine Tantra è relativa a questo significato, poiché *Tan* si riconduce a "rete, trama", e *Tra* a "conoscenza, opera", alludendo alla possibilità data all'individuo di progettare ciò che deve accadere e realizzarlo in modo conseguente.

Il nodo essenziale è dunque nel risolvere i fattori che costituiscono ostacolo alla capacità del pensiero di concretizzarsi in opera effettiva e funzionante. In altre parole, ottenere ciò che si è in grado di immaginare: questo è lo scopo del Tantra.

Shiva, l'essenza del movimento nell'immagine danzante di questo dio, è colui che crea i mondi e li ripara rigenerandoli, come è anche colui che li annienta, li distrugge dissolvendoli.

Shiva non ha paura, è senza supporto, affronta il futuro divorandolo nel presente, è consapevole del suo passato e non ha bisogno di volgersi all'indietro per considerarlo. Shiva è il perfetto modello del Tantra, è pura azione coerente alla volontà perché è volontà individuale allineata alla volontà del cosmo.

Shiva si manifesta danzando, e cioè nella forma più perfetta che possa immaginarsi per esprimere il dramma dell'impermanenza, contenendo interamente la bellezza di ogni singolo gesto e l'irreparabilità del suo consegnarsi al passato.

Così meravigliosamente illusoria, la natura di Shiva sembrerebbe sufficiente a sé stessa, completa e irrisolta.

Almeno, potrebbe sembrarlo fino all'apparizione di lei, la dea del tempo, Kali. Sì, perché l'apparire di Kali cambia interamente la percezione di tutto, la determina, la rende profonda e indiscutibile.

Splendidamente ornata da una cintura di teschi per sostenere di molteplici pugnali, Kali ha molte braccia e molte gambe.

È lei che impedisce a Shiva di fermarsi: così Shiva vaga nella continua ricerca di congiungersi con Kali, la terribile dea del tempo e del respiro.

Quando incontra Kali, Shiva si accende come fuoco, diviene Rudra, il fuoco in cui si dissolve e si rigenera il respiro dell'universo, attivando le ruote (Chakra) che sono l'equivalente cosmico dell'assetto del corpo umano, dove tutte le componenti dell'energia sono allineate intorno alla colonna vertebrale. Anche Kali è un fuoco che divora: è Shakti; così le fiamme si congiungono nel rogo dell'apocastasi.

La dottrina delle ruote - così simile alla concezione della Merkavah della Qabalah - è troppo nota per richiedere un approfondimento.

Queste ruote, è cioè i Chakra, si trovano lungo la colonna vertebrale e, nel comporre gli equilibri di tutti i centri vitali, procedono dal fondamento degli istinti alla base della colonna per proseguire con la zona dei genitali, lo stomaco, il cuore, la gola, la fronte e la calotta del cranio.

Dai Chakra dipendono, non soltanto e in assoluto questi centri vitali, ma anche le terminazioni nervose chiamate "meridiani" nello Shiatsu.

Inoltre, ed è quel che più rileva ai fini attuali, è intorno alla colonna vertebrale che scorrono i canali sottili del respiro, i cui terminali sono le narici chiamate *ida* (narice sinistra, corrente dell'aria fredda) e *pingala* (narice destra, corrente dell'aria calda).

Il respiro, con il suo movimento alterno di inspirazione ed espirazione, è creazione e dissoluzione di mondi. In questo senso, la respirazione in quattro tempi (inspirare, uno due tre quattro; trattenere, uno due tre quattro; espirare, uno due tre quattro) è perfetta creazione e dissoluzione di mondi, ed è Pranayama: la base della consapevolezza.

I quattro secondi di durata media di ogni fase respiratoria possono essere misurati, ma non devono essere confusi con una determinazione cronometrica assoluta. In ciascun ciclo di quattro secondi possono entrare ore ed anni; si tratta piuttosto della misurazione dei tempi interiori, dello stato della volontà.

Verificare in coppia questa condizione (l'incontro tra Shiva e Kali) è un meccanismo estremamente complesso. Naturalmente, come nel caso della respirazione, ciò può avvenire in modo naturale e istintivo, senza necessità di sovraimposizione della volontà. Diversamente, se questa sovraimposizione è ricercata, allora non potrà essere sotterfugio di uno dei due partner, ma dovrà essere cosciente e condivisa. Se cosciente, condivisa e rettamente intesa, allora potrà dar luogo a ciò che la tradizione chiama "il divoramento del tempo."

Il divoramento del tempo si realizza quando l'incontro tra Shiva e Kali è perfetto, quando cioé le due correnti si fondono ed entrano nel medesimo canale (Susumna) che percorre la colonna vertebrale, in cui si concentra l'energia vitale, immaginata come un serpente arrotolato su se stesso, chiamato Kundalini.

Quando l'incontro tra Shiva e Kali avviene nella consapevolezza, la Kundalini, arrotolata alla base del Muladhara (il primo Chakra), si scioglie e si allunga estendendosi agli altri Chakra.

Nella tradizione del Tantra, oltre il Sahasrara (il Chakra della calotta cranica), si dice che la Kundalini può estendersi a dodici dita più su, creando un ulteriore Chakra, il vortice di energia chiamato *dvadasanta* e in cui si realizza la dissoluzione dei fluidi nell'Uovo di Brahma.

Così dai due celebranti proviene emissione e riassorbimento: e questo è il motivo per cui il Tantra considera l'unione di Shiva e Kali il rito più alto.

A questo punto il Tantra rientra nella dimensione dell'indicibile, la cui soglia di concretezza è comunque da ricercare nella formula per ritardare l'emissione del fluido bianco e rendere massima l'intensità del fluido rosso.

Questa procedura non è soltanto un sistema per ottenere uno stato di esaltazione adatto a superare tutte le convenzioni ordinarie e le rigidità della mentalità comune per approdare ad un livello più elevato della comprensione che, come si potrebbe dire con una frase estratta da un'altra tradizione, quella dello Zohar, concepisce in gloria il passare oltre la trasgressione.

Infine, il concetto di trasgressione è il frutto di una percezione parziale e incompleta della realtà, perché se la volontà fosse perfettamente integrata, non ci sarebbe (non c'é) trasgressione, ma soltanto l'effettiva realizzazione della volontà. Del resto, la miscela dei fluidi concepita dal Tantra coincide esattamente con l'obiettivo dell'Arte Regia dell'Alchimia.

मुद्रा मंत्र तंत्र

## VI.3 - Il Canto di Ankh-af-na-Konsu e i Mantra di Shiva

Tantra - तंत्र - è termine che proviene dal sanscrito lingua sacra dell'antica India e significa "rete", "trama", ma anche "dottrina" o "rituale".

L'accostamento alla sfera sessuale ha generato in occidente molte espressioni ambigue e incerte rispetto al vero significato di Tantra, del resto comunque molto difficile da afferrare, anche per l'eterogeneità del corpo dottrinale.

Il nucleo che si può riconoscere come Tantra costituisce una via pratica per rendere coscienti poteri inconsci e in particolare ponendo Kama, il desiderio, in ogni suo significato, al servizio dell'illuminazione.

Questa realizzazione non può essere catalogata con le etichette di bene e di male, di giusto o di sbagliato: l'Induismo esclude in maniera chiaro che sulla terra possa esistere la Verità in forma pura.

La Verità è pura coscienza (*chit*), che è lo stesso che essere (*sat*) e beatitudine (*ananda*). Questa condizione si realizza quando si adempie ciò che è necessario.

Nel Tantra, la sintesi di *Sat-Chit-Ananda* può essere ottenuta attraverso il congiungimento della coppia Shiva-Kali, la diade perfetta.

Nel Tantra, ogni idea del Divino che non includa la potenza del divenire (Kali), è considerata incompleta.

Inoltre, il concetto di relazione tra maschio e femmina non è un concetto neutro, ma è concretamente ed effettivamente un amplesso.

Non solo, ma buona parte degli insegnamenti dei Tantra consistono esattamente in istruzioni su come fare per aumentarne la durata attraverso l'uso del Pranayama attraverso il Mantra, considerando questa pratica come strumento di perfezionamento della volontà.

Guardando da questa prospettiva, il dominio di sé che si può ottenere durante la congiunzione tra Shiva e Kali è il punto determinante.

Si tratta infatti di accrescerlo e renderlo formidabile mediante la recitazione rituale di Mantra e formule archetipali.

*

Giunti a questa fase, è inevitabile chiedere: *"Quali Mantra? Quali formule?"*

Non è semplice rispondere a questa domanda. Senz'altro i Mantra di Shiva sono tra questi, anche se non sempre risultano idonei a risuonare nella dimensione di chi intendesse applicarli.

Questo non è soltanto per le difficoltà di un adattamento culturale comunque necessario, ma anche perché l'uso del Mantra nel Tantra è profondamente diverso dall'uso del Mantra come strumento di sostegno del Pranayama.

Per essere chiari, nel Tantra la componente essenziale è determinata dal comporsi in un rito sessuale. Questa dimensione è tutt'altro che semplice a sperimentarsi, perché richiede il superamento di una schiera di barriere inibitorie preliminari, al culmine delle quali si manifesta la severità dell'io giudicante e la propensione per il disprezzo.

Questa dimensione è superabile soltanto utilizzando le proprie innate tendenze sessuali verso una maggiore consapevolezza e spiritualizzandole nel rito.

Se si ottiene questo stato di coscienza, l'atto risulterà in un equilibrio delle energie che risveglia Susumna e chiama Kundalini a risalire dentro di esso.

I praticanti del Tantra, unendosi fisicamente divengono Shiva e Shakti, mescolando il principio maschile e quello femminile in un'energia indistinta.

Questa energia deve poter durare più a lungo possibile, almeno sino a quando la tensione dei corpi non risulti perfettamente allineata. Al fine di ottenere questo scopo, la recitazione rituale di Mantra o inni o poemi risulterà perfetta per percepire meglio le variazioni di ritmo e di intensità.

*

In Occidente, queste tecniche sono penetrate soprattutto attraverso i lavori visionari di Aleister Crowley. Il famoso Canto di Ankh -af-na-Konsu contenuto nel Liber AL può essere considerato la più perfetta strada di accesso per gli occidentali alla dimensione tantrica.

Infatti, nell'immaginario collettivo contemporaneo il Tantra è visto sostanzialmente come un "culto dell'estasi" in cui si combinano spiritualità e sessualità. Recitare il Canto di di Ankh -af-na-Konsu durante il compimento dell'atto sessuale permette di registrare variazioni di intensità e di modulare i movimenti e le concordanze dei gesti in modo altrimenti impensabile.

Ciò determina un acuirsi degli stati di coscienza che non è descrivibile e può soltanto esser suggerito come esperienza da praticare, sia pure, per avere successo nell'esecuzione e piena corrispondenza, occorrerà che i partner siano legati da comune intendimento e siano già preparati alle pratiche introduttive del Pranayama guidato attraverso i Mantra.

A ben vedere, sebbene Crowley abbia suggerito l'azione rituale magica in questa direzione, non si hanno in effetti orientamenti, né sono disponibili registrazioni.

L'esperienza svolta in concreto permette tuttavia di dare testimonianza diretta dell'assoluta idoneità, diremmo dell'attitudine specifica di questo brano a fornire forse il più perfetto Tantra occidentale, tenuto conto che il testo, comunque, manifesta una intenzionalità che sembra trascendere persino il suo più prossimo autore, in quanto lo stesso Crowley riconduceva questo testo al sacerdote egizio Ankh-af-na-Konsu.

Il testo esordisce in maniera allegorica ma al tempo stesso molto chiara, esortando "ad andare sotto le stelle, per riempirsi d'amore" e proseguendo con frasi che dicono "io sono dentro di te e sopra di te, la mia estasi è nel vedere la tua estasi, la mia gioia è nel vedere la tua gioia."

Per tornare al dato dell'esperienza concreta, questa attitudine tantrica del testo di Ankh-af-na-Khonsu (riportato da Crowley in interpolazione del suo Liber AL, come libera traduzione di una stele vista al museo Boulaq in Cairo) si è rivelata per effetto della commistione dei fluidi e il loro voluto contatto con il sigillo a 7 punte del libro.

In seguito a questo evento, l'idea di recitare quel brano si manifestò con sempre maggior insistenza nella nostra mente, finché non lo eseguimmo una prima volta in privato, con splendidi effetti, e poi ancora in quella che fu la casa di Thelema in Cefalù. Quindi prendemmo l'abitudine di farlo sistematicamente evocando i nomi degli spiriti-guida Awas e Axir, e chiamando Therion e Alostrael, ed apponendo i nostri nomi come veicolo e, crediamo, come nomi da evocare da parte delle generazioni future cui consegniamo questo metodo sicuro per l'estasi, chiedendo loro di chiamare e chiamare ancora questi nomi durante i loro amplessi, Althothash e Lilithash, per rendere formidabile la catena dell'energia.

Sulla sferza basterà dire che questa può essere utilizzata ogni qualvolta è Kali a richiederla.

Si dovrà quindi precisare che la richiesta è implicita, e sarà Shiva a doverla comprendere. Nel batterla, il dio non farà sentire la rabbia, ma la compassione. Inoltre, egli non mai le userà violenza se non durante l'amplesso, e sempre con il massimo riguardo. Il discepolo deve sapere che i segni sul suo corpo sono tesori preziosi, specialmente quando il Maestro è costretto ad allontanarsi.

Se questo sistema può essere certamente considerato la porta d'accesso al tantrismo per l'Occidente, sarà comunque massimamente importante tener conto degli insegnamenti di Abhinavagupta, e in particolare dei Mantra di Shiva.

Seguendo questi insegnamenti, la natura del contatto tra i partner cambia di stato. L'interazione si prolunga, il trattenimento del fluido può aver luogo in misura tanto più perfezionata quanto più profonda la consapevolezza dello scambio.

Ora, l'ideale del Tantra è che il fluido maschile non sia emesso affatto. Occorre tendere a questo modello.

In ogni caso, il fluido può essere emesso ed assumere la determinante dell'intera dottrina.

Il fluido deve allora combinarsi con l'altro. I fluidi costituiscono infatti la suprema offerta vitale alle divinità, che si compie mediante la transazione da Siva a Sakti (Kali).

Il momento massimo per ottenere l'effetto sublime è il secondo giorno del ciclo mestruale della femmina.

Il maschio deve sentire il sangue della femmina, la femmina deve ricevere il maschio nella sua distruzione.

La cogenerazione di questi fluidi corporei trasformativi, si sublima con la confluenza di sangue e sperma nella preparazione dell'unico elisir.

Questo significato trova perfetta confluenza con la dottrina occidentale alchemica, laddove il tema è reso in via allegorica nella trasformazione dei metalli e specialmente nelle nozze chimiche dell'aquila bianca e del drago rosso come nascita della Luce Alchemica attraverso cui trova realizzazione la Grande Opera.

मुद्रा मंत्र तंत्र

MEDITHEATRE
NAXOS CENTRO STUDI
SCOLA SICILIANA
BIBLIOTECA PRIVATA
>EUROPA MAGICA<
0+289700876

# APPENDICE I

# MUDRA

# The Gayatri Mantra

ॐ भू भुव स्व

Om bhu bhuva svaha

तट सवितुर भर्गो

Tat savitur vareniam

दवास्य धीमहि दयो

Bhargo davasya dhimahi

यो न प्रकोदायत

Dhyo yo na pracodayat

Om: il supremo * buh: la terra
* bhuvah: l'atmosfera * air * svah: the sky + il cielo *
tat: colui * savitur: il sole * the sun * varenyam: il
risplendente * shining bhargo : luce suprema che
dissolve il karma * supreme enlightenment
* devasya: splendore dell'universo é splendour * dhi
mahi: meditiamo * understanding * dhiyo yo
nah: che il nostro intelletto * our mind may
* pracho dayat: possa accedere * have access

La giunzione di pollice e mignolo, concatenando le dita della mano destra con quelle della mano sinistra e congiungendo le altre dita in modo da realizzare contatto tra i rispettivi polpastrelli, ponendo le mani all'altezza del Chakra Svadhistana (ventre, posizione dell'ombelico) genera questo Mudra chiamato NADI, la cui funzione è assicurare il fluire e il rigenerarsi del QI dell'energia vitale

# The Loto's Sutra

Cinese: Miàofǎ Liánhuā Jīng

# 妙法蓮華經

Giapponese: Nam Myōhō Renge Kyō

Dedico la mia vita al Sutra del Loto

La giunzione di pollice e medio concentra l'energia sulla volontà. Concatenando le dita della mano destra con quelle della mano sinistra e congiungendo le altre dita in modo da realizzare contatto tra i rispettivi polpastrelli, le mani saranno poste all'altezza del Chakra Ajna (centro della fronte) generando questo Mudra chiamato DHYANA, la cui funzione è allineare la volontà individuale con la volontà trascendente e, quindi, con l'effetto di concentrare l'energia sul superamento dell'io e introducendo la sensibile consapevolezza del non-io.

# The Heart's Sutra

गते गते

Gate gate

Andato, andato * Gone, gone

पारगते

Pāragate

Andato oltre * Gone fare away

पारसंगते

Pārasamgate

Completamente andato oltre * Faraway

बोधि स्वाहा

Bodhi svāhā

Consacrato all'illuminazione * Consacred to
Enlightenment

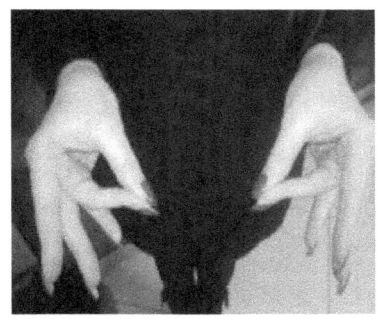

La giunzione di pollice e anulare concentra l'energia sulla volontà dell'invisibile. Concatenando le dita della mano destra con quelle della mano sinistra e congiungendo le altre dita in modo da realizzare contatto tra i rispettivi polpastrelli, le mani saranno all'altezza posta tra il Chakra Ajna e il Chakra Vishuddha (in posizione intermedia, dietro la nuca) generando questo Mudra chiamato VIVEKA, la cui funzione è distruggere l'illusione.

Omaggio al liberatore,

colui che non ha paura della morte e del futuro e danza.

Mantra di grande energia, per la forza di volontà

e per vincere la paura della vita.

## SHIVA MANTRA

# ओम शिव नामा

## Om Nama Shivaya

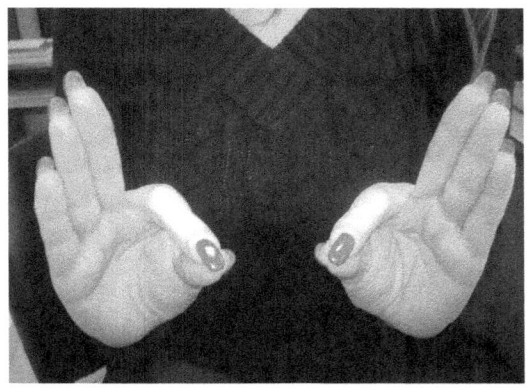

La giunzione di pollice e indice concentra l'energia sulla volontà individuale. Concatenando le dita della mano destra con quelle della mano sinistra e congiungendo le altre dita in modo da realizzare contatto tra i rispettivi polpastrelli, le mani saranno poste all'altezza del Chakra Anahata (centro del petto), generando questo Mudra chiamato ISVARA, la cui funzione è purificare la volontà individuale mediante la comprensione del proprio volere profondo, libero dal condizionamento dell'apparenza dei pensieri. Questo esercizio va svolto in combinazione con quello sul Dhyana.

Omaggio alla liberatrice di tutte le sofferenze.

Mantra di lunga vita, per la guarigione psico-fisica e per
vincere la paura della morte.

# TARA MANTRA

ओम तारा तारा टीयू टूर्स सभी हा

OM  TARE  TUTARE

TURE  SOHA

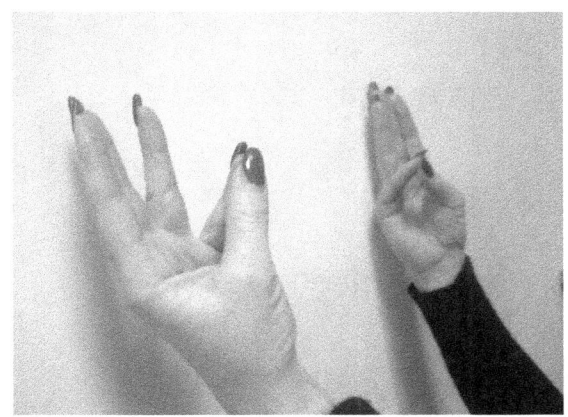

La giunzione di pollice e mignolo, concatenando le dita della mano destra con quelle della mano sinistra e congiungendo le altre dita in modo da realizzare contatto tra i rispettivi polpastrelli, ponendo le mani all'altezza del Chakra Svadhistana (ventre, posizione dell'ombelico) genera questo Mudra chiamato NADI, fondamentale per l'energia vitale. Si tratta della stessa figura vista in abbinamento al Gayatri Mantra. Con funzione terapeutica e per risolvere un male localizzato, si può adottare il Tara Mantra. Anche qui la funzione è assicurare il fluire e il rigenerarsi del QI dell'energia vitale. In questa immagine, la figura è rappresentata in forma piana.

# The Diamond's Sutra

तारका तिमिरं दीपो

Tārakā timiram dīpo

मायावश्यायबुद्बुदं।

māyā vaśyā ya bud budam,

सुपिनं विद्युदभ्रं च एवं द्रष्टव्यं संस्कृतं।तथा प्रकाशयेत्,

svapnaṁ ca vidyu dabhraṁ ca evaṁ
draṣṭavya saṁskṛtam,

तेनोच्यते संप्रकाशयेदिति

tathā prakāśayet, tenocyate
saṁprakāśayediti.

切有爲法，如夢幻泡影，如露亦如電，應作
如是觀。

Yīqiē yǒuwèi fǎ, rú mèng huàn pāoyǐng, rú lù
yì rú diàn, yìng zuò rú shì guān

*Le costellazioni non esistono,*

*semplice inganno della prospettiva:*

*Così dice la lampada fioca nella notte,*

*lume effimero che vuol combattere il buio;*

*non sa che la rugiada presto si dissolve,*

*che le bolle di sapone rapide s'infrangono*

*come sogni senza fondamento,*

*come lampo balenante, come nuvole che vanno mutevoli:*

*così si dovrà vedere*

*ciò che è condizionato e impermanente.*

*Fin quando non apparirà l'astro eterno,*

*e sarà fuoco.*

אש

# APPENDICE II

# REPERTORIO
# DI MASCHERE

## Appendice II - Repertorio di Maschere

Come si è affermato nella sezione dedicata di
questo LIBER 5 - Mantra, Mudra, Tantra - la
Maschera possiede sempre, nelle forme di
rappresentazione originarie, valore sacro.
Questo valore sacro è conferito dal suo
costituire il magnete, il polo di catalizzazione
che permette al sacerdote di identificarsi con il
dio che la maschera raffigura.

Maschere
Africane.  Urhobo
(pagina
precedente),
Dogon, Doei.
 [Fonte:
Wikipedia]

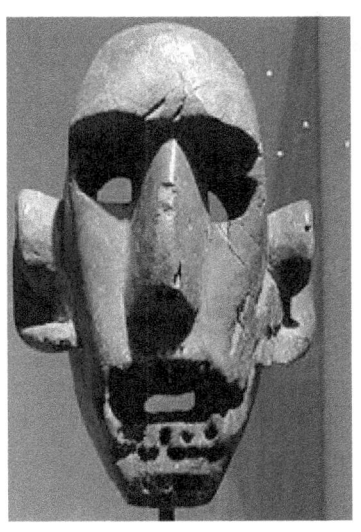

Questa identificazione del sacerdote con il dio attraverso il potere della maschera è una costante che si ritrova presso le culture Africane così come presso gli antichi popoli che abitarono la Mesopotamia, come anche nell'Estremo Oriente o tra i popoli Amerindi.

Maschere Amerinde. Maya, Azteca, Tolteca. [Fonte: Wikipedia]

Esaminando le diverse tradizioni, ci si accorge che questa funzione è una costante che non può essere spiegata soltanto attraverso un paradigma di diffusione culturale per ibridazione e contaminazione. In altre parole, non può essere risolto come elemento che è stato inventato da qualcuno in qualche luogo e poi si è propagato per imitazione.

La distanza nel tempo e nello spazio di tradizioni diverse e reciprocamente estranee rende chiaro che il potere della maschera non può essere risolto in altro modo che come necessità espressiva dell'essere umano. La coerenza strutturale all'interno di culture estremamente lontane nel tempo e nello spazio, manifesta la maschera come perfetto archetipo dell'inconscio, configurandosi funzione socialmente necessaria, elaborata autonomamente dalle diverse culture primitive.

La maschera è il dio o l'antenato. La scelta estetica e stilistica rende facilmente riconoscibile se si tratta del primo o del secondo tipo. Questa distinzione è parziale ed è chiaro come la possibile distinzione della funzione non ostacola l'unicità del rito.

La pesatura dell'anima o psicostasia
nella raffigurazione del Papiro di Ani.
[Fonte: Wikipedia]

L'evocazione mediante la maschera delle potenze ancestrali (gli dei) e ataviche (gli antenati) è dunque la funzione logica di un sistema che si presenta con valore di archetipo. Questa funzione è chiamata anche ad esprimere le tensioni degli istinti e le pulsioni, i desideri della natura umana. In questo senso Tammuz, dio dei Sumeri, con i suoi tamburi e le danze vorticanti, non è diverso dal Dioniso degli Orfici o dallo Shiva degli Indù.

La primitiva tensione degli istinti verso la proiezione rituale si può concepire associata all'uccisione dell'animale (in forma originaria, si può addirittura concedere il pasto crudo e l'inebriamento attraverso il potere vitale del sangue, trasposto poi nella dimensione orgiastica del baccanale). Identificando un paradigma, la figura di Dioniso rappresenta la sostituzione di questa dimensione ferina con un modello di maggior raffinata scelta, sia pure ancora selvaggia, espressione di un mondo di cacciatori, che comunque ha già sostituito il sangue con il vino.

Con lo stratificarsi della tradizione nel tempo, la dimensione feroce delle prime maschere si trasforma in un culto più ordinato e simbolico (Dioniso sostituito dal suo sacerdote Orfeo).

Ricorrendo ad un altro paradigma, le divinità egiziane teriomorfe (con le loro teste d'animale chiamate ad esprimere il collegamento con gli istinti) dimostrano poi come queste funzioni primitive abbiano gradualmente prodotto il manifestarsi alla coscienza di una concezione morale che può essere icasticamente rappresentata nella celebre raffigurazione della pesatura dell'anima.

Si può assistere così - in modo parallelo nelle diverse culture - ad un passaggio dal modello tribale primitivo verso la costruzione di un sistema di insegnamenti dottrinali che evolve l'uso della maschera come elemento di drammi rituali a contenuto iniziatico.

L'emergere di questa tensione etica ha per effetto quello di rendere necessario arginare le pulsioni originarie. Il passaggio dalla fase primitiva in cui la maschera doveva esprimere la potenza dell'istinto, deificandola, apre una nuova stagione, in cui la coscienza razionale e lo sviluppo di un sistema di dottrine morali tende ad occultare i significati originari, sia nelle forme tribali e primitive che in quelle più evolute e strutturate in paradigmi iniziatici.

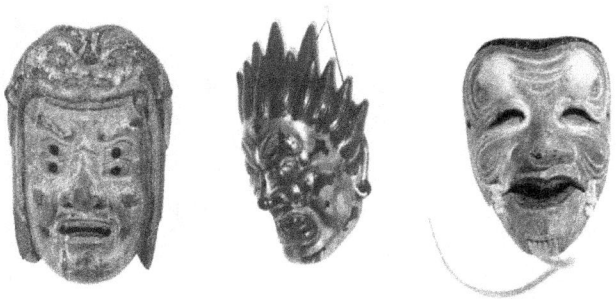

Maschere Giapponesi. Gyodo, Gigaku, No. [Fonte: Wikipedia]

Un chiaro esempio di questo passaggio può esser rivenuto nell'epoca in cui Platone si schiera contro i rituali telestici (e cioè di possessione sciamanica) dei Misteri Dionisiaci. Qualcosa del genere si registra anche in Oriente, dove le forze irrazionali del Gyodo e del Gigaku vengono avversate dall'Impero e riescono a sopravvivere infine soltanto concedendo una degradazione verso il comico - sia pure in forme di altissima ieraticità formale - nel teatro No o, in forma ancor più dissimulata, nel Kabuki. Quanto detto per le metamorfosi delle rappresentazioni orientali da rito in commedia, è assolutamente congeniale e rappresentativo anche per la tradizione occidentale, dove il prevalere del cattolicesimo come religione dell'Impero Romano ha determinato la necessaria eclisse delle forme rituali. Anche qui, la possibilità di mantenersi nel ricordo è stata pagata attraverso la degradazione della funzione rituale in una deriva comica che si può cogliere in modo comunque magnifico per la maestria delle forme e dei colori nella Commedia dell'Arte e nelle maschere veneziane.

Maschere della Commedia dell'Arte.
Gnaga, ovvero la trasposizione di Maat.
[Fonte: Il Cerchio di Orione]

Tra queste, la "Bauta", tipica maschera settecentesca, usata non soltanto a Carnevale perché permetteva di nascondere il volto e l'intera figura, specie se usata insieme ad un tabarro che partendo dal collo copre anche le spalle; la "Moreta", maschera piccola di forma ovale, femminile, nota anche come servetta muta perché per indossarla si doveva tenere in bocca un piccolo perno; e poi le tra in cui traspare la tradizione più arcaica: Arlecchino (detto anche batòcio, cioé bastone), per quanto nella dommedia era uno srpvveduto emigrante in arrivo a Venezia in cerca di lavoro, in realtà (com'è stato ampiamente rilevato anche per la sua raffigurazione nel XXI Canto dell'Inferno di Dante, è lo spirito che va in cerca delle anime dei morti, in sostanza l'Anubis degli egizi. "Il medico della peste", maschera col naso molto allungato, manifesta invece una chiara derivazione dal becco d'ibis di Thoth, il signore della coscienza (dio delle lettere e dei numeri) degli egizi. Altrettanto la "gnaga" maschera dalla forma di gatto che copre solo gli occhi è la compagna magica di Thoth, la dea Maat, spesso raffigurata in forma di pantera.

Le maschere conservano il linguaggio simbolico di questa antichissima tradizione, e sono sempre pronte a restituire, per chi sappia farlo rivivere, il significato inafferrabile dell'archetipo da cui derivano. In questo senso, rappresentano strumenti necessari per un teatro magico e alchimistico come quello di cui abbiamo sin qui parlato e descritto a chi può intenderne il senso illimitato.

FONDAZIONE

# FONDAZIONE M

NAXOS CENTRO STUDI
SCOLA SICILIANA
BIBLIOTECA PRIVATA

חברה זרח בקר אור

زيارة الشرق راسيا

FRATERNITATEM ORIENTIS ET OCCIDENTIS

# Allegoria

Poiché volevi una favola, eccoti questo scritto.

Informo che ho cominciato a tracciarlo alle ore 3.33 del 31 Dicembre 2009 e ho completato la trascrizione alle 7.17 del 2 Gennaio 2010.

Era insolitamente caldo per la stagione, e questo calore fece sì ch'io mi svegliassi così nella notte e, credendo fosse già l'ora che volge al mattino, mi alzassi per riscaldare l'acqua mentre svolgevo i consueti riti e le offerte di preghiera all'aurora.

Accorgendomi che l'ora era sì presta, concepii, piuttosto che rientrare in un sonno che non avrei più ottenuto – e certamente anche per il pensiero di te – di dare anima a quella favola che da tempo mi chiedevi. Misi così delle foglie di ibiscus nell'acqua e cominciai a trarne dei sorsi, prima brevi e poi, via via che l'acqua si raffreddava, più lunghi.

*Alcune considerazioni introduttive sarebbero importanti, ma ne andrebbe dello spirito della favola, quindi non le produrrò, se non la distinzione che talvolta si propone tra favola e fiaba, per cui di entrambe si mantiene il valore allegorico, salvo che la prima si esprime per animali e la seconda non necessita questo trasferimento di coscienza. Ma non da tutti questa distinzione è accolta, pertanto sarei piuttosto incline a mantenere il senso di questa generale allegoria, oltretutto cominciando dal canto di una rosa.*

## Tu sei nata per questo

Tu sei fatta per questo
Nel giardino sotto casa
Tra tutti il più bel fiore
Volsi la ruota ascosa
Volsi le gire d'amore
Tu sei nata per questo
Tu sei fatta per questo
Sbocciai: tra le foglie
E gli sterpi, sbocciai
Conobbi tutte le voglie
E invero non seppi mai,
Mai non seppi domarle
Sì che finii per amarle
Tu sei nata per questo
Tu sei fatta per questo
Così mi dicevo ed ora
Che son rosa matura
Or che conosco il vento
E la paura, lo dico ancora

Perché non mi spavento
E so che il tempo ama
Chi ama la vita come me
E sento già che mi chiama
Il mio principe e io voglio
Andare a lui che mi ama
Perché io sono Amore,
Io la rosa, il più bel fiore.

Così adesso questa allegoria può avere inizio, ma non prima d'averla posta sulla Bilancia degli Artisti perché, lo si sa dal 1459 o forse dal 1616 – sebbene personalmente dovrei dire dal 1991, chi si fa innanzi con presunzione, senza alcun invito, quasi certamente non sosterrà l'equilibrio e fatalmente dai pesi sarà sbalzato fuori dal piatto.

Dirò con la modesta modestia e il poco garbo di cui son capace – forse rivelando incautamente asiatiche ascendenze tartare che taluno confonderà con l'abitudine a cibarsi di carne cruda, oppure adriatiche riminiscenze contadine anarchiche e irredente o ancora notti a mezzogiorno di case popolari inconsce remote periferie – dirò, ad onor del vero, che l'esito del controllo sulla Bilancia è stato più volte ripetuto rivelandosi sempre positivo, sostenendo non solo il chilo, ma anche il quintale e la tonnellata.

Non negherò tuttavia che a codesta tabula nessuno m'abbia invitato e che se lo sguardo ha forse saputo talora soffermarsi con perizia e mestiere sulle carte dei dotti per contribuire all'annunciata riforma della filosofia e delle scienze, questo si dee soltanto a causa di nostre pratiche magiche. Or che a tanto siamo giunti, saluteremo tutti i rischi che questo comporta: cioè nessuno di cui possiamo dirci in coscienza consapevoli.

Ma non è il momento questo per lasciare che gli anelli di Saturno s'impadroniscano del pensiero fino a trasportarlo nell'invisibile malinconia di cui, oltre tutto, ameremo i fiori ipnotici quando saremo nella Città delle Piramidi. È adesso il momento di Mercurio, e già potrai sentire tre volte grande la sua intelligenza veloce che annuncia battendo il suo bastone di serpenti l'allegoria può incominciare.

A.E. 5770, ☼ in ♑

Althotas le-Qaraimi

## Prima tela

C'era una volta un ragno che viveva arroccato in una fessura nell'angolo più remoto e in alto di una casa di pietre nere sopra un lago sepolto. Usciva da quella fessura tutti i giorni al mattino, dopo aver studiato un'ora o due prima dell'alba. Andava da lì alla rete dove aveva ufficio e lì annodava la sua tela.

Sapeva di essere un ragno e non pretendeva altro che restare incontrastato in quell'universo esclusivo ed escludente, assente se non per la condizione solitaria di chi non vede e non conosce altro che la propria tela e le sue forme.

Tesseva, tesseva il ragno. Ma nella sua tela non poteva trovare altro che moscerini, zanzare, moschicelle di cui poi si nutriva, talvolta con disgusto, altrimenti con la voluttà della fame nera, instillata dalla nevrosi della sopravvivenza.

Tesseva e tesseva, sì che la tela s'era così ampliata da avere più livelli, comunicanti tra di loro, e lui poteva rapidamente attraverso l'invisibile filo portarsi dall'uno all'altro, dall'altro all'uno e all'altro ancora, con una rapidità fulminea, con la capacità ferrea di trovarsi inesorabile di fronte alla sua preda.

Era pur sempre un ragno, campione del silenzio e del buio.

Soffriva dunque i frequenti passaggi rumorosi di un calabrone che sosteneva d'essere il capo, da quelle parti. Soffriva perché il calabrone, pur essendo effettivamente esperto delle cose del mondo e capace di riconoscere i fiori, tuttavia non aveva l'eleganza di un'ape e nemmeno di una onesta vespa di campagna. Era rozzo, il calabrone, e tutto ciò che sapeva o fingeva di sapere o credeva di fingere di sapere o fingeva di credere di sapere, tutto si vanificava per questo modo rozzo di attingere ai fiori.

Tesseva e tesseva il ragno, e ritesseva. Ma era pur sempre un ragno, e a lui i fiori erano preclusi. L'unico privilegio, forse, quel mondo a parte, quella sua immensa ragnatela.

Giunse un giorno un pipistrello da quelle parti. Era una femmina, e si capiva dal suo ansimare che aveva fame. È nell'ordine naturale delle cose: i pipistrelli mangiano i ragni, come i ragni mangiano gli insetti più piccoli.

Avendo compreso le dimensioni della ragnatela, il pipistrello si fermò a considerarne la complessa architettura, scoprendo del resto come in essa si erano impigliati insetti che non erano soltanto moscerini o piccole mosche o zanzare. C'erano infatti anche un grosso scarafaggio, che si diceva fosse il capo di dieci, un millepiedi che si diceva fosse il capo di cento e persino il calabrone che si diceva conoscesse tutti i fiori.

Malgrado il pipistrello avesse fame, si fermò un attimo a considerare quel mondo, di cui voleva trovare l'artefice.

Anche perché quei corpi di insetto potevano già essere un discreto pasto, ma erano tuttavia corpi morti. E un buon pipistrello preferisce sempre mangiare corpi vivi. Diede così due colpi d'ala, per risalire all'angolo di vertice, dove cominciava il piano più alto della ragnatela. Tuttavia, il ragno non c'era o, almeno, non era visibile, forse nascosto all'interno d'una fessura, una piccola cavità proprio all'estremità della parete.

Nell'arrampicarsi a quel punto estremo, il pipistrello vide la forma argentea della ragnatela e fu sorpreso nel riconoscere la struttura intima della trama, che si rivelò intarsiata in forma di croce sottile e ansata, simile al Mercurio doppio dell'acqua ignificata.

Con un colpo d'ala, il pipistrello ruppe parte della ragnatela. A quel punto il ragno uscì dalla fessura.

Il pipistrello continuò a sbattere le ali, e il ragno, che stava provando a portarsi su un altro piano della sua ragnatela, vide il suo filo spezzarsi e cadde precipitevolissimevolmente a terra. A quel punto, quel mondo non era più necessario; così tutto cambiò per dissoluzione.

☼

## Solve et Coagula

Attraverso nomi e immagini, tutti i poteri siano adesso risvegliati affinché il mondo possa aprirsi al nuovo ciclo che si impone. Il sole è divenuto feroce nei suoi raggi, un fuoco che divora, e la foresta s'apre adesso agli occhi in tutta la sua estensione. Non c'è più una casa, non ci sono più gli angoli angusti di un remoto appartamento: c'è piuttosto il mondo, il mondo intero. Un mondo dove tutto ciò che accade è sorpresa, dove tutto ciò che avviene può dare la vita o toglierla. Anche se questo vale sia pure per l'ambiente domestico, sebbene in altro modo. In ogni caso, era il mondo che si apriva e, per quanto non avesse nessun significato apparente, era comunque il mondo.

Gli animali che più frequentemente si vedono in giro sono ancora per lo più iene. Più rari i leoni. Tra gli uccelli, avvoltoi. Rare le aquile. Sì, la maggior parte di questi animali sono soliti nutrirsi dei residui della caccia degli altri, senza far altro che avvalersi delle carcasse delle prede dei leoni o delle aquile. La codardia di questi avvoltoi, di queste iene, all'interno dei loro gruppi è poi dimenticata facilmente, a causa dell'avidità con cui i capi branco cercano di riservare tutto per sé, al punto che ogni pezzo di cibo diviene l'unica ragione per vivere, e nessuno sa come fare per introdurre nella propria vita un sogno. Tutti sono talmente presi dalle necessità della sopravvivenza da non aver né tempo né mente per scoprire il pensiero.

L'unica cosa manifesta sotto questo fuoco che divora è l'impulso della carne a trovar soddisfazione; così nessuno ricorda quel che è scritto sull'albero maestro sul quale, chissà perché e chissà da chi incise, si possono leggere le parole *"Date et dabitur vobis"*.

La foresta non è migliore delle pareti domestiche: l'antica teologia, la fisica e la matematica dogmatica sono in contrasto con la verità e il vecchio nemico si manifesta con il volto consueto. La diseguaglianza non è il solo problema, e non sarà mai così grave quanto la viltà dei più numerosi. Invece di andare verso la libertà, la maggior parte sceglie infatti la vita cinica fatta di quell'opportunismo che viene giudicato senso civile, i cui escrementi sono coperti sotto il termine economia, che però è la maschera di un'altra parola: sfruttamento, che è infine la morale comune. A causa di questo tutti si abbrutiscono e si abbruttiscono.

E se di iene e di avvoltoi ne abbiamo visti tanti, davvero poco sapremmo dire dei leoni. Qualcuno l'abbiamo incontrato, di tempo in tempo, e siamo rimasti ammaliati dalla loro criniera, dal ruggito potente, dall'occhio scintillante di questi felini. Ma li abbiamo sempre visti a distanza, sempre preoccupati, loro, di mantenere il sentimento dell'aristocrazia, lontani da ogni volontà di comprensione, preoccupati di sé stessi, piuttosto che del mondo. Non bisogna tuttavia esprimere un giudizio troppo severo nei loro confronti, almeno, non per questo. Perché, forse, è soltanto così che si può tenere una corona.

E forse è anche questo il motivo per cui si deve accogliere la verità come una particolare forma del falso: perché la verità è eterna e immutabile, e invece in questo mondo non c'è nulla che sia eterno e immutabile: dal che si deriva che in questo mondo la verità non c'è. Ci sono, se mai, tante piccole verità, ognuna delle quali cerca di presentarsi come Verità e che, invece, a guardarla bene, si scopre perfettamente nella sua natura ingannevole. E questo è anche il motivo per cui il mondo preferisce la menzogna e non dà ascolto a chi ha buone intenzioni nei suoi riguardi.

Nel pesare questi argomenti, prima di metterli sulla bilancia sarà opportuno considerare che l'intendimento non è quello di accettare il falso per vero, né di limitarci a considerare il vero come una speciale forma in cui si manifesta il falso, quanto, piuttosto, di determinare il modo in cui la verità si forgia.

Da queste origini scaturì una testa nera. O meglio, credemmo a lungo che fosse una testa, ma poi ci accorgemmo che era un uovo.

Ecco perché non v'è resistenza nel rendere note queste parole: perché intenderà soltanto chi ha orecchie per intendere.

Quella sera ci nutrimmo così di una rosa e del
fuoco su cui mettemmo il sale, e del vino.

## Apparizione dei Cherubini

Fu in quel tempo, credo, che scesero i Cherubini di Nibiru. Di uno di costoro è ben nota l'immagine perché, per quanto erosa dal tempo, la Sfinge ancora si conserva. Dei Cherubini non dirò altro – sebbene so già questo desterà clamore, non rispondendo allo stereotipo consueto e integrando elementi dell'altrove – se non che essi sono i sacerdoti della Grande Madre Celeste chiamata Hubur, la cui immagine terrena è data dal fiume Nilo, anche se in origine era piuttosto l'Eufrate, e questa risale al cielo per Achernar attraverso il Po che chiamiamo Eridano, conquistando così la Via Lattea, Hubur, il fiume che segna la Via del Ritorno.

Non dirò altro, se non che erano simbolicamente in quattro – Axieros, Axiokersos, Axiokersa e Kadmon, che tu preferisci chiamare Camillo, il cui vero nome non è Chephren ma 220 – sebbene costoro non siano gli originari seguaci di Canopo, ma loro figli, per metà umani e per metà Elohim.

Di quegli originari non dirò nulla, se non che il nome del loro capo fu cancellato dal libro della vita, e che di queste notizie potrai trovare traccia nel libro di Enoch.

Qualcuno sarà indotto a respingere questa sezione, dichiarandola irragionevole e fondata sul falso.

Su questo punto non ci sono obiezioni, se non che Aqiba ha trascritto il libro di Abramo, che in realtà apparteneva a Melkitzdeq che i sapienti sanno riconoscere in uno dei figli di Noach, e dunque è questo il libro di Enoch. Ma se anche ciò fosse falso perché non testimoniabile secondo metodi scientifici, allora dovrò ricordare a lor signori che se la volontà si ferma di fronte a un perché cadrà nella fossa dove latrano i cani della ragione.

Ora, di questi quattro, tutti erano disposti a forgiare nobili e sapienti, ma anche artigiani, lavoratori del ferro, facitori di pane, e farmacisti ed erbolai, e macellatori di carne e notai e avvocati, e mercanti e ancora coloro che si occupano di tutto quel che accade nelle città, fino alla raccolta del mondo. E si scoprì ciò che già sapevamo, e cioè che di individui davvero meritevoli non ce n'erano che uno o due per ogni ceto sociale; ma veramente neanche uno, a esaminarne il cuore.

Per queste ragioni, in quel giorno venne decisa l'esecuzione del vecchio re, che non aveva saputo amministrare le sue responsabilità dei sette e dei dodici, permettendo che gli ufficiali si accoppiassero con le scimmie che la scienza chiama Neanderthal. A dire il vero, secondo i canoni consueti, il re non poteva infine dirsi né giusto né cattivo e, per quanto un animo semplice sia incline a detestare l'arroganza e la superbia che spesso dimostra chi regge lo scettro del potere, in fondo non si sentiva la necessità di quella violenza ed erano in molti a ritenere che una simile barbarie dovesse esser respinta come inattuale eco dei fantasmi del passato.

Inoltre questo avveniva in una cronologia dissennata, priva di ogni valore storico, il che poteva costituire in sé ragione per l'indulto. Tuttavia, come Enoch scrive nel libro dell'Astronomia, le cose andarono diversamente. In base a tanto ci fu annunciato che presto avremmo dovuto assistere alla decapitazione del sovrano.

La Sfinge cadmea accolse l'evento richiedendo allo scriba reale, Ankh-af-na Khonsu per volere di Thoth, di prendere rilievo del fatto che nessuna parola che abbia in sorte di sortire dalla bocca di un uomo o di una donna possa possedere in sé il potere di non essere falsa, decretando pertanto che tutto ciò che ci era stato raccontato non poteva essere vero.

Fu a quel punto, credo, che apparve un bellissimo unicorno bianco, che portava un collare d'oro su cui erano incise delle lettere.

Dietro questo magnifico unicorno apparve una Sfinge sumera, in forma di toro alato. Vedendolo, la Sfinge cadmea afferrò con rabbia la spada che teneva tra gli artigli e la spezzò in due. Gli astronomi dissero che erano i segni della ribellione di Seth al padre Adamo. L'unicorno scappò via rapidamente com'era venuto. Le due Sfingi combatterono a lungo senza riuscire a superarsi. Il toro alato tornò in Eridu, dov'era la sua casa. I lunghi ruggiti dovuti al dolore delle ferite del leone che abita l'anima cadmea furono placati soltanto quando arrivò una colomba bianca che portava nel becco un ramoscello d'ulivo. La Sfinge lo inghiottì e si calmò.

Ad ogni modo, di questi eventi è data traccia nei volumi della nostra biblioteca, tra i quali segnaleremo volentieri gli *Axiomata*, la *Rota Mundi* e il *Proteus*.

Tutto ciò verrà chiaro ai sapienti e ai dotti d'Europa che vogliano dirsi illuminati e contribuire alla generale riforma della filosofia che Apollo non può oltre rimandare.

## Io

Fu a quel punto che apparve la pantera. Una meravigliosa pantera, nera come la notte, con occhi che contengono il sole e lo squarciano attraverso l'ogiva. Ne fui folgorato, ma compresi subito che non avrei dovuto troppo a lungo guardarla in quegli occhi, se non volevo subirne l'incantesimo. Così adottai con lei questa regola di comportamento, tanto che quel codice di condotta divenne perfettamente naturale ed io semplicemente non avevo ragione di pensare a lei.

Sebbene lo intuissi, non sapevo ancora che quella belva, la *Pothnia Therion*, la Signora degli Animali, possiede un alito profumato che ha il potere di sconvolgere i sensi.

Così, per quanto davvero non sappia se sia stato io a chiamarla o se sia stata lei a venire, o se il momento in cui si sia verificato il contatto abbia avuto luogo per effetto di un equivoco o forse a causa degli spiriti dell'aria, in ogni caso, ancora potevo ritenere di essere affrancato dal suo dominio, poiché non la guardavo negli occhi e, soprattutto, non avevo ancora bevuto il suo sangue.

Presto scoprii cosa significasse *Signora degli Animali*. Perché lei, magnifica e solitaria, era tutt'altro che sola, e al suo richiamo si destavano i sensi di ogni falco, di ogni aquila, e persino dei grifoni che abitano sui vulcani. Questo avrebbe dovuto scoraggiarmi e indurmi a più miti consigli. Tuttavia non accadde, a causa dei troppi libri menzogneri cui avevo attribuito eccessivo valore e di cui m'ero inebriato.

Vedevo adesso che quel medesimo senso d'ebbrezza scaturiva dal profumo di lei, e mi rendevo conto che ormai era troppo tardi per tentare d'arginarlo e soprattutto che non avevo alcuna intenzione di farlo, in specie da quando un fatto meraviglioso era accaduto, e cioè che ella mi aveva offerto di poter usare il suo sangue come inchiostro. Ciò mi diede una sensazione di formidabile potere, e da allora avevo preso incautamente a guardarla negli occhi, cercandone la profondità. Capivo che era un pozzo senza fondo, e proprio per questo mi protendevo in lei, con la presunzione che il mio sapere e il mio amore per le Arti potessero colmare quegli abissi. Sapevo che m'ingannavo in questa pretesa, ma era troppo bello per non farlo.

In fondo, l'unico sogno che non riesco a tollerare è quello di una porta che non posso aprire.

Con quell'inchiostro magico del resto potevo ottenere tutto ciò che avrei voluto: ad esempio, in questo modo intuivo avremmo potuto recarci in quella casa incantata. E che solo con lei, là dove tutti non vedono che desolazione e devastazione, avrei potuto trovare l'ideale perfezione del sublime, nella sua dissoluzione.

☼

## Altre tele

Anche qui, saremmo forse preda dell'inganno che gli spiriti dell'aria agitavano ai nostri sensi. Oppure no. Oppure saremo divenuti capaci di distinguere e distillare l'immagine che nessuno ha saputo descrivere, il quadro che nessuno ha mai dipinto, l'opera che infine esiste da sempre.

Ora, quest'opera si realizza in più quadri prodigiosi, ognuno dei quali contiene una delle follie originarie del mondo e la canta in forma pura, priva di affezioni.

Un primo notevolissimo dipinto raffigura un piccolo altare, con su un libro ricoperto di velluto nero e ricamato in oro, una fiammella accanto e un piccolo orologio sopra una fontanina di cristallo da cui sgorga un'acqua rosata che lambisce un teschio, le cui orbite sono porte per una serpe bianca che ivi ha la sua dimora. Sullo sfondo s'intravedono i numeri 1 e 10. Guardando intensamente, si può vedere se stessi nell'atto di tagliare la testa dell'antico sovrano.

Quando accadde a me, ne fui molto scosso, ma al tempo stesso ne trassi entusiasmo, perché liberavo infine un intero popolo da un'accusa infamante e sapevo inoltre che quel sovrano non era che un falso dio. L'ebbrezza però mi condusse a sopravvalutare me stesso. Pensavo di essere l'uomo che ha ucciso dio, ma ero solo un centurione. E il dio che avevo ucciso non è quello che tu pensi, ma non è neanche l'idolo che avrei voluto distruggere.

La tela seguente ha la forma di una luna, non nel dipinto ma nella cornice. Il dipinto invece è occupato da un grande 2 che però sembra un 9 e che, a uno sguardo più intenso, rivela un intarsio da cui si può leggere questa frase: "È qui che abitano i Cabiri seguaci di Canopo, quando non sono per mare. Perché non c'è separazione tra l'aria e l'acqua più di quanta ve ne sia tra terra e fuoco.

Il nove entra nel due se il due lo accoglie nove volte e ancora due. Adesso, fai la tua volontà, perchè è questo il verbo della libertà. Ma se questa volontà è disgregata come il caos in cui le acque di sopra sono mescolate alle acque di sotto, se resta sotto il dominio inconscio degli istinti, se non può trovare attuazione, come farai, e cosa farai?"

Nel quadro seguente si vedrà raffigurata una coppia di dadi su fondo rosso; le facce visibili danno le combinazioni 4 e 6; 3 e due volte 4. I dadi degenerano in uno sfumato viola dove si vedono piangere i cani della ragione, sotto la pioggia. Il fatto che qui risieda il mercurio androgine non allevia lo sgomento: e sarebbe davvero un mondo di desolazione, se non passasse di lì l'unicorno delle stelle.

Questo in apparenza; a guardar meglio si vede una figura di donna, con le mani raccolte sopra la testa a formare un triangolo. La cosa più intrigante di questa figura femminile sono le orbite delle pupille, ribaltate verso l'alto, come fossero tetraedri issati su colonne.

"Da qui non passerai, a meno che tu non sia purificato attraverso l'acqua e il fuoco".

Così disse una voce che, invero, credo di conoscere ma che in realtà non so. E se lo sapessi, non lo saprei dire anche se, per la verità, è tutto chiaro.

Ora, tutto questo va dal 10 al 7 e dall' 8 al 4, sebbene non sia che una proiezione della croce dentro il cerchio. Il vero volo non è possibile se non si dà notorietà al fatto che tra la gloria e la bellezza giacciono i detriti della torre di Babele, e che l'unico modo per passare oltre il dominio degli elementi è la temperanza propria dei veri artisti, che conoscono le alterne vicende della vita e oltre misura non si esaltano di fronte ai successi, come non si arrendono di fronte a una temporanea sconfitta e sanno dove sono diretti, segretamente e con passo sicuro.

Così in un ultimo quadro – se questo non è uno specchio – si vede l'immagine dipinta di una pantera, cacciatrice notturna, sbranatrice, carnivora, inesorabile, fatale giaguaro che conduce alla Casa del Sole.

## La Casa del Sole

Il compimento del tragitto fu sorprendente, perchè non mi sarei atteso un simile esito per il semplice fatto di aver letto un libro, anche se si tratta di un libro che certamente entra nel novero di quelli che non possono esser definiti sussidiari. Ciò che non dovrei dire è che quel libro ha bisogno di nutrimento, e richiede incessantemente d'essere alimentato dai succhi dell'aquila bianca e del drago rosso.

Ora, noi abbiamo avuto l'ardire di farlo e, sebbene non fossimo stati istruiti in tal senso, tuttavia siamo giunti induttivamente al metodo, che adesso intendiamo spiegare al mondo intero per il mezzo di questa lettera, così da regalare a chiunque possa intendere questi inusitati paragrafi un modo per trasformare l'amore in un rito che lo ponga dove deve stare e cioè sotto la stella della volontà.

Quindi dirò senza troppo attardarmi che di certo fu il momento in cui ponemmo, la nostra mano sul Sigillo di Babilonia, carica di quell'inchiostro miscelato, l'attimo che determinò il nostro approdo al Collegio Mistico della Casa del Sole.

E lì, dopo averne studiato il perimetro una prima volta, la seconda volta completammo il rito ospitando all'interno dei nostri corpi coloro che risiedevano in quelle forme astrali. Ciò che era accaduto si ripeté ancora sulla soglia di quella finestra.

In questo modo avevamo predisposto al nostro ingresso le porte dell'eternità, sebbene non sapessimo quale. Da allora continuammo i nostri esperimenti, aggiungendo al Canto Fatale i tre Capitoli e il tuo Giuramento, che conservo tra le cose più preziose tra le umane.

Dopo aver fatto questo, i Superiori Sconosciuti inevitabilmente avevano preso conoscenza di noi. Periclito Von Faustus; Paria De Rejectis; Monoceros De Astris; Pharos Illuminans; Sapere Aude; Vestigia Nulla Retrorsum; Deo Duce Comite Ferro; Soror Alostrael; Frater Perdurabo: tutti sapevano di noi.

Fummo così invitati allo spettacolo di beneficenza che si sarebbe tenuto quella stessa sera nel sonno profondo e senza sogni.

☼

## L'ingresso del teatrino

Ci preparammo dunque ad assistere alla commedia che avrebbe chiuso l'allegoria. Sebbene chi volesse andare a visitare i luoghi non troverà altro se non macerie e detriti, io vi assicuro, o signori, che nell'atrio di questa casa ha dimora un grazioso teatrino dove spesso, specie nei giorni di festa, si dà luogo a rappresentazioni di questo genere, e cioè sempre rivolte a fini benefici per la comunità e grandemente utili a coloro che intendono provare la via dell'Arte.

Ho colpevolmente omesso di dire sinora che tutti gli accadimenti narrati erano stati determinati proprio da questa volontà, e dal fatto che i ragni non muoiono cadendo e talora nel cadere possono trasformarsi in felini, se non nella realtà, certamente al di là degli specchi o passando attraverso gli armadi. Da questi effetti si manifestarono così le tre vie che conducono alla Casa del Sole in Tiphareth. E scoprimmo che la Via Maestra è sempre la strada del centro, in cui l'io progressivamente sparisce fino ad assorbirsi nel sole. Ma questo percorso non è per tutti, perché rinunciare a sé stessi è la scelta più difficile di questo mondo. La Mano Destra è invece la strada più dritta, quella che percorrono le persone di giustizia e di legge, secondo gli schemi e le procedure delle grandi burocrazie e dei sistemi bancari, e che i più conoscono sotto la denominazione di strada delle carriere. Poi c'è il sentiero della Mano Sinistra, che però in generale si sconsiglia, perché contiene molti punti in cui bisogna arrampicarsi sulle rocce e spesso con traiettorie prive d'ogni certezza. Certo, modernamente disponiamo di una mappa; tuttavia non è sufficientemente dettagliata e in alcuni tratti potrebbe anche essere priva dei necessari aggiornamenti, se non del tutto sbagliata.

Se ho mancato di dire queste cose, è perché sin qui non le sapevo. Me ne scuso comunque. Invero, retrospettivamente, posso dire d'aver condotto confusamente qualche passo sulla Via della Mano Destra, spesso però andando in cerchio e perdendomi sovente nei vicoli che confinano con i sentieri della Mano Sinistra. In ogni caso, quel che più conta qui dire è che, comunque fosse accaduto, ero felice di essere arrivato al teatro della Casa del Sole.

Qui, davanti all'ingresso, stava un custode che era preposto, o almeno così sembrava, all'accoglienza dei nuovi arrivati. Indossava un vestito di colori diversi. Dopo avermi gentilmente fornito informazioni generali sul titolo della commedia e sugli attori, mi disse che non potevo tuttavia entrare portando con me una pantera.

Mi attendevo che, prima o poi, qualcuno avrebbe posto un simile rilievo. Obiettai che non si trattava effettivamente di una pantera, ma del calamo in cui ero solito tenere l'inchiostro. L'uomo mi guardò incredulo. Temevo adesso di trovarmi nell'alternativa tra lasciare la pantera o perdere lo spettacolo, e sapevo già che avrei scelto di perdere lo spettacolo, il che mi avrebbe condotto fatalmente a morire sbranato. Il custode trovò invece una soluzione differente: in breve, mi disse che questo era possibile soltanto se noi fossimo stati tra gli attori.

Poiché sapevo già che se fai davvero quel che vuoi, nessuno può fermarti, risposi subito che noi eravamo di diritto tra gli attori, perché il nostro teatro è culto e non rappresentazione. Non saprei dire se mi abbia creduto oppure no. Tantomeno saprei dire se avesse compreso ciò che intendevo. Credo di no, sinceramente. Ad ogni modo, mi chiese un po' di denaro per poter acquistare un segno distintivo. La cosa mi mise sensibilmente in imbarazzo, perché non ero facoltoso e non avevo con me che pochissime monete. Qualcuno penserà che questo possa rappresentare corruzione, ma chi ha questo in mente dimostra di non capire la figura del sette di coppe: si trattava piuttosto di una forma di dissolvimento.

Mi ricordai di avere dei cristalli di sale e glieli proposi. Egli ne fu molto contento e in cambio mi dette volentieri un cappello con quattro rose rosse. Mi diede anche da bere un liquore d'oro dal sapore dolce e aspro. Sul calice era scritto: *Haustus Silenti*.

Infine mi raccomandò di tacere giacché lo spettacolo andava a incominciare, e lo fece portando curiosamente l'indice in misura perpendicolare alla bocca.

✧

## Commedia dell'Arte

Entrai non da dove entra il pubblico, ma varcando il sottopassaggio attraverso il quale gli attori vanno dai loro camerini per entrare in scena.

In quello spazio esiguo, involontariamente urtammo un uomo con un bizzarro cappello, al quale produssi le mie scuse. Questi si mostrò infastidito, ma non si soffermò. Un signore vestito di bianco, che doveva essere il regista, mi prese sotto braccio e sottovoce, ma con tono perentorio, mi raccomandò di fare silenzio, suggerendomi di contenere la pantera usando, se necessario, la cintura.

Prendemmo posto dietro le quinte, dove ci accovacciammo immobili come sfingi a ridosso delle spade e degli scudi che facevano parte dell'attrezzeria di scena. Nel frattempo, il direttore d'orchestra, che somigliava moltissimo al custode e, oltretutto, indossava lo stesso vestito, aveva preso posto nel golfo mistico e, dopo i consueti tre colpi di bacchetta sul leggio, aveva dato avvio alla musica che, per la verità, aveva il ritmo di una marcia funebre.

All'apertura del sipario, finalmente vedemmo il pubblico. A dire il vero, costoro sembravano tutti morti e, sebbene indossassero degli abiti eleganti, in realtà erano privi di occhi e di orecchie, così che non capivo perché mai tentassero di assistere ad uno spettacolo.

La scena fu presto riempita dall'uomo che era inciampato sulla pantera, che si rivelò impersonare un giullare.

Indossava un cappello a tre punte, in ciascuna delle quali era un sonaglio. In mano teneva una carta da gioco che, ci avrei scommesso, era il tre di oro. Dopo un breve monologo e alcuni giochi di prestigio, accompagnati da una marcetta in verità un po' ridicola, entrarono in scena quindi due animali, che fu facile identificare in gatto e volpe. Insieme crocifissero un burattino di legno al quale poi dettero fuoco. Il sipario si chiuse, ma non ci furono applausi.

Nell'intervallo venne proposto un combattimento tra un leone ed un grifone. Il leone vinse. Inaspettatamente, lo spettacolo venne particolarmente apprezzato dal pubblico, che applaudiva e incitava il leone ad infierire sul rapace, con fragorosi applausi e rumorose acclamazioni.

Il secondo atto della commedia si aprì con l'immagine di una donna dalle mani insanguinate. Subito le sue chiome si tramutarono in serpenti. Grazie a un effetto di luci, il risultato fu tale da sembrar vero, e tutto il pubblico ne restò vivamente impressionato. Poi l'intero suo corpo mutò in giumenta, conservando la testa di donna. Si vide apparire un ragno rosso, che lentamente si approssimò alla cavalla, fino a salire sul suo dorso e pungerla. Allora la donna cominciò a correre vorticosamente in cerchio, gemendo.

Questa sequenza innervosì molto la mia pantera, e dovetti far uso di tutta la perizia di cui disponevo per trattenerla, ricorrendo alla cintura.
Ciò mi fece perdere l'attenzione su quel che accadde nell'intervallo. Fortunatamente,

potei invece approfittare del passaggio dell'uomo che vende le bibite. Fui molto stupito nel notare la sua perfetta somiglianza con il custode e con il direttore d'orchestra, e non tanto per il medesimo vestito di stoffe diverse, ma per quel cenno di sorriso che si dipartiva dagli angoli della bocca. Gli chiesi del the, ma lui rispose che potevamo scegliere esclusivamente tra succo di mandragola e spremuta di cactus, perché il the lo aveva finito. Scelsi il succo di mandragola, che invero piacque molto alla mia pantera, tanto che dovetti acquistarne altri sei bicchieri, che mi costarono due monete d'oro.

Nel terzo atto si svolse l'incontro tra la donna-cavallo e un gigante in catene. La scena fu davvero commovente. I due si giurarono vicendevolmente amore eterno, ma lei alla fine scappò via. Se dovessi azzardare un'ipotesi, direi che non lo fece per volontà, ma per il dolore che le dava la puntura di quel ragno. Questa scena faceva impazzire la mia pantera, e non sapevo più come contenerla. Utilizzai la cintura, ed anche un bastone. Intanto sulla scena la donna-cavallo, per lenire il dolore, correva, correva. Fuggendo di gente in gente, incontrò un altro gigante. Questi non era solo incatenato ma giaceva interamente sepolto sotto una montagna dalla cui cima uscivano fiamme. Anche questa volta ci fu un giuramento vicendevole di eterno amore, ma ancora lei andò via, lasciando un biglietto in cui si poteva leggere: "Amore è una parola di cinque lettere". Sostenuta dalla musica e dalla passione, continuò a lungo la sua corsa, finché non giunse di fronte al mare dinanzi al quale disse: "Ogni uomo e ogni donna è una stella."

L'intervallo fu nuovamente intrattenuto dal giullare. Anche se io avevo un bel da fare per contenere la mia pantera, tuttavia riuscii a distinguere che non aveva più con sé il tre d'oro ma il sei di coppe e il due di denari. L'uomo vestito di bianco, accanto a me, disse sottovoce che questo due è l'immagine più importante della clavicola. Sebbene lui fosse il regista – e dunque avesse titolo a decidere sul modo di mettere in scena l'opera – tuttavia non saprei se dargli ragione. Sulla scena, il gatto gli preferì del resto il nove di denari, e solo perché il dieci lo aveva già preso la volpe.

Il quarto atto si aprì con la donna-cavallo che dormiva sulla spiaggia, nel punto in cui sfocia un fiume. Una sirena cantò una canzone dolcissima, che spiegava come questo fiume sia il Giordano, che i latini tradussero nel nome Eridano. E che qui si congiunge l'orizzonte con la stella Achernar, l'ultima del fiume su cui scivolò Orione quando cadde sulla terra dove, per rinascere, amò una ragna. Fu Dioniso colui che la trovò; la riconobbe, le rivelò il suo nome. Lo disse sussurrando, e il nome era semplicemente "Io". Per ricambiarlo, lei si tramutò in pantera e lo sbranò. Naturalmente, potete immaginare quale effetto abbia fatto questo canto sulla mia pantera. La cintura e il bastone erano ridicoli adesso rispetto alla sua energia implacabile. A quel punto fui costretto a brandire la spada e tagliarle la testa.

L'imprevisto fu che la testa rotolante della mia pantera andò a finire sulla scena dove giaceva Dioniso. Così, lui la raccolse e la mostrò al pubblico danzando su un solo piede e ripetendo "Io Pàn".

Nell'intervallo assistemmo all'ingresso di una donna che teneva in alto le lettere R e C, e il segno dell'addizione tra loro. Indossava un vestito bianco che avrebbe potuto essere un abito da sposa, con un lungo strascico su cui si poteva leggere la frase: *"Amore non è possesso e un solo essere umano è il mondo intero."* Poi con le sue mani si staccò delicatamente la testa e la pose a terra. Devo riconoscere che gli attori furono molto bravi a dare la sensazione che il capo della donna, per quanto staccato dal corpo, non solo potesse ancora parlare ma producesse dagli emisferi ramificazioni di serpenti.

A quel punto Dioniso, che adesso aveva l'aspetto di Orfeo, tracciò una stella nell'aria ed ottenne il risanamento della donna. Prese la testa e la collocò sul punto appropriato; quindi sparì il corpo di cavalla ed apparve come Infinito Spazio e Infinite Stelle, nelle vesti di gloria dell'arco della notte, il corpo di Nuit.

L'errore che però commise Orfeo fu di smettere le vesti di leopardo che erano proprie di Dioniso e cominciare a prendere l'abitudine di indossare un abito più consono alle leggi della repubblica. Inevitabilmente, fu costretto a incatenarla come Andromeda.

Errore fatale, ancor più perché sapeva che non era quello il modo attraverso il quale poter contenere l'universo di quella donna. Avrebbe dovuto sapere che Andromeda e Astarte sono immagini della stessa moneta e chi vuol amare Lilith deve attraversare la valle dell'abominio. Avrebbe dovuto sapere che Nephtys e Isis sono identiche su piani differenti, come sente inconsciamente la pantera.

E tuttavia Orfeo non è Dioniso e non avrebbe saputo trattenere il suo istinto di possesso.

A quel punto, la musica si fermò e tutta la scena fu precipitata in una luce nera.

Io intanto ero alle prese con il corpo della pantera, perché mi rendevo conto che non potevo lasciarlo lì dov'era. L'uomo vestito di bianco che doveva essere il regista mi disse però che non dovevo preoccuparmi di questo, perché già degli elfi stavano prendendo quel corpo per portarlo al centro della scena. Mi ordinò piuttosto di entrare in scena. Obiettai di non conoscere la parte, ma lui mi disse che non avrei dovuto fare altro che rimettere la testa della pantera sul suo corpo.

Così eseguii quanto mi era stato detto e, quando posi nuovamente la testa della pantera sul suo corpo, immediatamente questa fu risanata. Non solo accadde questo, ma, mentre le luci dal rosso volgevano al blu e al bianco, la pantera si trasformò in una donna.

La voce unanime del coro s'udì proferire questi nomi:

*"Lilithe, Babylon, Tiamatu".*

Ella rispose con la presa del grado, che avvenne secondo le prescrizioni date che ci furono comunicate per effetto del Sigillo di Babilonia.

Nelle recensioni che sarebbero uscite da lì a una settimana, furono in molti i critici che, non comprendendo l'opera, ne diedero una formidabile stroncatura, sebbene questa fosse infine immeritata, considerando anche lo scopo di beneficenza.

Le critiche più feroci riguardavano la manifesta incongruenza e illogicità delle sequenze e, invero, anche l'assoluta inadeguatezza del commento musicale. Secondo la mia opinione, questa interpretazione è tuttavia da ritenere infondata. Certo, anch'io non avrei potuto dire d'aver compreso tutto, però, quella donna misteriosa, le sue trasformazioni, la relazione con Dioniso, tutto ciò mi sembrava interessante e generava in me interrogativi aurei. Se dovessi dare un giudizio, direi che lo spettacolo era stato interessante. Avrei voluto capire un po' di più di lei, ma era chiaro che, per ottenere questo, avrei dovuto capire un po' più di me.

Crudeltà e dissimulazione sono le idee più adatte a descrivere un teatro che sia rappresentazione autentica della vita. Infine, la maggior parte di questi critici non sapeva nemmeno che lo spettacolo non era finito. Infatti, quando il teatro si fu svuotato dal pubblico, l'attrice riapparve sulla scena, e declamò:

*"Il lago è in fiamme.  L'ora è giunta."*

✿

## La porta stretta

L'uomo vestito di bianco dava adesso disposizioni nuove, perché si doveva passare dal teatrino dove sino ad ora si era svolta la rappresentazione ad un più ristretto odeon.

Avendo compreso ciò, ed avendo avuto il privilegio di passare attraverso la porta degli artisti, anch'io con la mia pantera mi accingevo a compiere questo tragitto, seguendo la scia dei musici che suonando procedevano; ma venni presto fermato dal custode, che era poi il fratello gemello del direttore d'orchestra, che così mi disse: "Fin qui sei giunto, ma non passerai oltre." Avrei voluto chiedere perché, ma dalla mia bocca non usciva adesso nessun suono.

"Stimato gentiluomo" disse il custode, "mi permetta di farle notare che questo diniego avviene per proteggerla, per metterla al riparlo dai pericoli mortali che lei corre esponendosi così in un luogo come questo."

Si guardò intorno, a levante e a occidente, per controllare che non ci fosse nessuno ad ascoltare, quindi continuò dicendo: "Qui non si può essere sicuri di nulla. Mi dia retta, lasci perdere, torni a casa." Lo guardai negli occhi e poi volsi lo sguardo alla mia pantera, per fargli capire che... lui annuì considerando, quindi riprese il suo discorso di persuasione: "Lascia perdere, non sei adatto. Rimani sulla destra, non commettere errori. Quanto alla pantera, lei non può far altro che sbranarti." Nel sentire quelle parole, mi rattristai molto, perché sentivo la mia vita stessa che se ne andava.

Avrei voluto dire qualcosa, ma voce non affiorava dalla mia bocca, niente. Così, presi in mano il mio cappello con le quattro rose e già mi disponevo ad andare in direzione contraria ai miei desideri, come tante volte avevo fatto nella vita. In quel momento giunse il fratello gemello del custode, il direttore d'orchestra. Mi fermò trattenendomi per un braccio. "Come hai avuto quel cappello?" domandò. Risposi che era stato lui a darmelo, o forse suo fratello.

A quel punto i due fratelli cominciarono a parlare animatamente tra loro. La discussione fu breve, ma molto densa e serrata, al limite della lite. I due fratelli si spinsero reciprocamente. Alla fine, ricomposta la tensione, il direttore d'orchestra mi domandò: "Conosci il segno dell'apertura del velo?"

Lo eseguii, ottenendo la sua approvazione.

L'altro fratello mi guardò con uno sguardo obliquo. Prima di andar via, disse: "Per il leone verde la tua voce dev'essere ancora corretta. I piccoli della leonessa si separeranno mentre tu passerai attraverso il fuoco purificatore. Perché i tuoi figli dovranno desiderare la tua morte, e tu la morte di tuo padre scegliendo questa dissennata volontà di uccidere dio. Lei ti aiuterà, è vero, ma aspetta in cambio che tu uccida i suoi fantasmi e la faccia prigioniera, in modo tale che tu sarai per sempre suo prigioniero. Scegli ciò che vuoi, ma prima osserva questo."

A quel punto mi mostrò il suo anello, da cui partì un raggio di luce che proiettò queste immagini. La prima rappresentava un giovane pastore, che ammansiva un vecchio re suonando una piccola lira. Poi il re cadde sulla sua spada e il giovane pastore divenne re in sua vece, prendendo in sposa una principessa. Però il re s'invaghì d'una donna. Di costei fece uccidere il marito. E poi ancora il figlio magico che il re ebbe da lei si rivoltò contro di lui. La seconda immagine è quella che non sapevi, che riguarda l'orsa, che si nutre di carne, che non dà tregua, che è viva ogni momento e in ogni momento è pronta a uccidere: tu pretendi di diventare per lei un assoluto, affinché sia solo tuo il calice del suo fiore. E non t'accorgi che questo è la coppa delle sue fornicazioni, in cui è incastonato il nome Babylon. Perché lei non può amare, perché la sua anima è divisa dal principio, e per questo deve far soffrire tutte le pene di cui la sua anima è gravata, e cioè le divisioni del mondo. La terza immagine riguarda il serpente e il basilisco; il drago e l'aquila. La fenice strappa il cuore dal petto della potente fiera dell'oriente. E invece del cuore trova un diamante. Il leone si purifica per mezzo del sangue del lupo. Ma nel far questo la luce di Marte distrugge la mente, specie se lungamente indebolita dal basilisco umido. Solo il sale estratto dalla cenere potrà sostenere un sì difficile equilibrio. Allora tutto sarà divenuto ordinario e lontanissimi appariranno i giorni magici. Sarà il momento della putrefazione, da cui potrai uscire soltanto se anche lei vedrà nel mercurio l'anima, nello zolfo lo spirito, nel sale il corpo.

La quarta immagine è la desolazione delle macerie che si distendono tra Venere e Mercurio. Per passarvi attraverso, dovrai trovare una pietra capace di contenere un grandissimo freddo e il grado più ardente di Venere sia coagulato con Mercurio vivo e ciò, com'è scritto nella decima chiave di B.V., non può accadere prima che si spenga l'incendio del monte Etna. Da qui trarrai alimento per forgiare quel metallo, che se adesso sembra stagno di nessun valore, certo rifulgerà di luce ineguagliabile. In questo modo potrai raggiungere davvero la Casa del Sole.

La quinta immagine riguarda il re e la regina. Ma il re è già sposato e la regina è a lui straniera. Allora la sposa del re getterà la corona nel fiume, il castello andrà in fiamme, il re sarà sostituito dal sacerdote, e il tempio sarà sul punto di crollare. Lei risplenderà di luce nera, ti aiuterà a compiere la tua volontà, qualunque essa sia. La sesta immagine non è un'immagine, perché è vuota, sebbene si dice che in questa un tempo albergasse ogni ricchezza. Chi la vede ode una voce sussurrare: "Non passerai di qui, non oserai." La settima immagine nessuno l'ha mai vista, o forse soltanto pochissimi. In questa si celebrano le esequie delle antiche immagini di dio, tutte erronee. Particolare rilievo si dà a quelle più recenti, e con sorpresa si scopre anche in queste l'antico errore, e cioè di sostenere che un dio debba essere geloso e vendicatore, oppure che un dio del bene si contrapponga eternamente a un dio del male. È una vecchia storia, ma pochi possono guardare il sigillo in cui sono incise, da un lato, le parole "L'uomo ha inventato dio a sua immagine e somiglianza" e, dall'altro, "la tenebra deve entrare nella luce."

Dopo aver assistito alla sequenza di queste immagini, infine fui ammesso al passaggio che conduceva all'odeon. Ciò fu in grazia del mio cappello ed anche perché, al momento opportuno, avevo saputo rendere il segno.

Nessuno pose obiezioni sulla mia pantera, sebbene fossi infastidito dal fatto che molti la guardassero con insistenza. D'altra parte dovevo riconoscere che, se non fosse stato a causa sua, sarei giunto a quel momento.

Per accedere all'odeon si doveva quindi passare attraverso una porta stretta. A quell'ingresso stava l'uomo vestito di bianco, che apponeva un timbro sulla mano di ciascuno che si apprestava ad entrare, così imprimendovi una grande M.

Uno dei musici, una violinista, mi domandò se sapessi cosa significava quella M. Non volevo dimostrarmi sprovveduto, quindi risposi d'istinto "Marameo". Lei sorrise; poi aggiunse: "Sì, si può amare un demone. Ma se scegli questo, fa almeno che l'amore sia sotto il dominio della volontà." Poi andò via anche perché, ormai, tutti quelli che dovevano entrare erano entrati e si andava a incominciare.

☼

*L'equinozio degli dei*

Entrò dunque in scena un piccolo corteo di Astrologi, che spiegò come l'ultima frase si riferisse alla congiunzione di pianeti che presto si sarebbe verificata nell'arco del cielo.

Nello spiegarne il significato, uno tra costoro affermò che non solo doveva cambiare il re, ma che anche colui che lo aveva ucciso avrebbe dovuto morire per rinascere. E sarebbe rinato come Principe di Luce, perché doveva uccidere sé stesso senza farsi male. Il piombo doveva precipitare nel mercurio ed essere vivificato mediante il sangue. O almeno così credo di aver capito.

Nella congiunzione astrale, i pianeti erano adesso tutti da una parte, con l'eccezione di Saturno che stava al lato opposto:

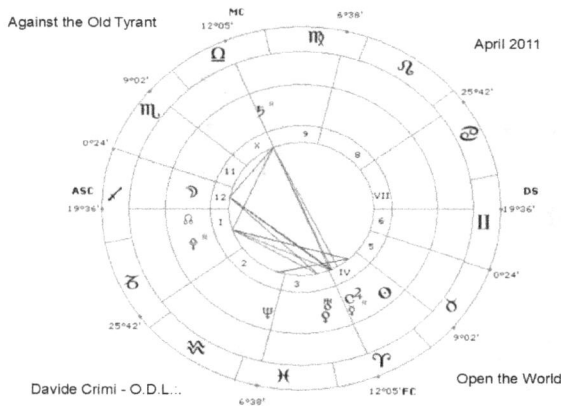

Against the Old Tyrant

April 2011

Davide Crimi - O.D.L...

Open the World

Nella fronda dei pianeti che fronteggiavano Saturno incredibilmente erano schierati insieme anche Marte e Giove, che avevano sottoscritto un faticosissimo armistizio a causa di una contesa su Venere in cui la Luna aveva fatto da mediatrice, occultandola con il suo corpo agli occhi di Giove.

Finalmente apparve anche lei, nelle sue vesti di Fosforo.

Al suo apparire, così disse, cantando:

*La Muda*

*Fuoco nel lago vuol dire mutamento,*

*Sovversione, so che non ne hai paura*

*So che non temi la soglia oscura.*

*Lo sai, verrai creduta sul momento*

*Nell'alba, avrai sublime riuscita*

*Perché tentare di fermar la vita*

*È privo di senso e a primavera*

*Il principe andrà con la pantera.*

*Quando giungerà l'equinozio*

*Il rimorso svanirà nello spazio*

*Dei cerchi di un rito siderale*

*E se anche  al cielo il lago sale*

*Altro non può far rota che girare*

*Ché la vita no, non si può fermare.*

Poi ella spiegò queste parole, giungendo pollice e medio e concatenandoli da una mano all'altra, ponendole sopra la testa:

La Muda questo insegna: tutto cambia, nulla cambia; Tzade è l'albero e l'Albero della Vita è la Legge per Tutti. Stabilità è cambiamento, cambiamento è stabilità. Essere è divenire, divenire è essere. Per questo non c'è paura della fine: è la chiave del Palazzo d'Oro di questa Legge.

La Legge è Luce.

La Luce è per tutti. La Luce è Amore sotto il dominio della Volontà. Amore sotto il dominio della volontà è Ragione Trascendente. Ragione Trascendente è la Legge.

Per avere luce propria devi sapere come diventare una stella, e quale stella tra le stelle sarai. Per ottenere questo devi solo essere quel che sei: e lo sarai solo se saprai rifuggire da ogni restrizione, solo se ogni tuo atto sarà d'ora in avanti l'espressione certa del tuo voler essere libero. Non temere la sconfitta e non fidarti del successo. Adesso dimentica.

È il compimento del Ciclo: adesso l'Eone è Manifesto.

☼

*Mem. Aleph. Shin.*

A quel punto dalla mano della donna sembrò partire un raggio di luce che, folgorante, fu diretto contro Saturno.

Da quel raggio uscì qualcosa simile ad un uovo e da quell'uovo, al momento dell'impatto contro gli anelli di Saturno, uscì uno strano uccello dall'aspetto sanguinoso e deforme. Alcuni dissero che il suo nome era Horus, ma io sarei stato propenso a considerarlo più simile ad una fenice o anche ad una nottola o persino ad un pipistrello. Tutti però lo acclamavano nel nome Horus.

Subito questo uccello cominciò a beccare il serpente bianco che avevamo visto in uno dei quadri prodigiosi, e cominciò una trasformazione che non avremmo immaginato, divenendo fulgidamente bianco e bellissimo. Ciò potrebbe sembrare un vantaggio, perché toglieva l'orrore che prima aveva suscitato. Ma quell'orrore fu presto sostituito da qualcosa di peggiore, e cioè l'arroganza con cui esso proclamò se stesso come unico dio.

Così cominciò a dire: *"Io sono dio e non ne esiste altri al di fuori di me, etc.";* oppure: *"Ricordate che io sono il signore e che il signore dio vostro è geloso e vendicatore, etc."* Ora, io ed alcuni altri tra gli attori comprendevamo che si trattava soltanto di una commedia, ma la maggior parte degli spettatori prendeva quelle parole pericolosamente sul serio e, per quanto essi avessero pagato un biglietto per entrare, si sentivano in obbligo di prostrarsi in ginocchio ed adorare il demone di quell'uccello.

*In nomine Babylon, etc.*

Inoltre, anche se adesso era così lucente e non aveva più nulla del sangue e delle deformità che lo avevano reso orribile al suo apparire, conservava qualcosa di incomprensibile che conduceva a un senso di terrore.

Questa terribile sensazione si accompagnava all'oscurità in cui tutti i pianeti avevano preso schieramento nella posizione dell'Ariete. Così Marte, Urano e Giove e, dal 21 di Aprile, anche Venere. Erano tutti determinati a fronteggiare l'evento, non più disposti ad accettare la teoria inverosimile, inaccettabile, infondata e infine insulsa di un dio geloso e vendicatore.

Era questo il senso di quel raggio di luce fosforescente, che pure aveva determinato un nuovo orrore che aveva fatto temere il peggio anche a coloro che, in fondo, non erano se non il pubblico pagante di quello spettacolo.

Molti erano del resto profondamente rattristati dall'aver dovuto assistere a un nuovo intervallo in cui si era visto un bambino che distruggeva in sequenza tutte le immagini degli dei e degli idoli del passato, d'oriente e d'occidente.

Né quella sequenza fu meglio assorbita quando apparvero il gatto e la volpe guidando un trabiccolo a tre ruote e dicendo attraverso il megafono piazzato sulla tettoia del veicolo: *"Preghiera, studio, talento: queste sono le chiavi che aprono le porte dell'abbondanza e della pace. Compi questo e trasformeremo il mondo, piuttosto che esserne trasformati."*

E a nulla o quasi era valso accompagnare con musichette brillanti quelle scene. Ed ancor meno il fatto che il giocoliere avesse distribuito a ciascuno di noi una statuetta che raffigurava un dio dalla testa di falco.

Ma in fondo questo era ancora poco rispetto a quel che sarebbe accaduto alla ripresa dello spettacolo.

L'uccello, splendidamente ornato di medaglie, paramenti e regalia, cominciò a cambiar di colore, passando dal bianco al verde. Quindi prese ad emettere un suono stridente, assordante, da fare impazzire. Ciò che lo determinò a percuotere egli stesso, con il becco, il suo petto, fino a squarciarlo e farne uscire sangue.

Da cui si generarono due tabule:

M A L A C H
A M A N E C
L A N A N A
A N A N A L
C E N A N A
H C A L A M


N A S I
A P I S
S I P A
I S A N

*La nascita del tempo, o Aion*

Anche Venere, che sembrava aver vinto, in realtà prendeva coscienza del significato della vittoria. Il demiurgo era stato sconfitto, ma la libertà non era stata ancora forgiata. Così dovette unificare la spada di Marte e lo scudo di Giove per fondersi con la Luna nel Mercurio del suo sangue. Ne scaturì Aqua Ardens, di cui avevamo bisogno per i nostri fini spirituali, al fine di placare la fame della pantera e concepire in Algol l'altare di Iside, ornandolo con le due tabule che avevamo ricevuto e che dicevano essere adatte, la prima, a conoscere cose propizie future e, la seconda, a far sorgere visioni dal fuoco.

Intanto lo spirito di Saturno – che i sapienti conoscono nel nome Zazel e tuttavia preferiscono chiamare Ariel per nascondere in Sirio l'ombra di Seth – era riuscito a catturare l'uccello agguantandolo con il suo mantello nero.

Dapprima gli staccò un occhio, che invero rifulgeva più di un diamante. Questa occasione si rivelò grandemente utile per una riflessione sulla verità che il direttore d'orchestra eseguì in forma rapsodica, dichiarando che amore è una parola di cinque lettere e che la vita è più esigente della morte. Quindi Saturno si chinò sul corpo dell'uccello che infine ci accorgemmo era una fenice a due teste e sulla fronte recava i nomi Nephtys e Typhon. Saturno pose questo animale sul piatto della bilancia, dove lo decapitò, come in uno specchio, decapitando sé stesso.

Poi apparve che non era stata la testa ad esser sradicata dal corpo, ma il membro.

La scena impressionò tutti i presenti, ma non me. E non solo perché ero circonciso, ma anche perché finalmente ero sicuro che anche quell'errore era stato risolto, nella certezza che questo fosse un grande passo in avanti per il metodo della scienza e per i fini della religione. In quel momento presi la statuetta che raffigurava il dio dalla testa di falco, e la infransi scagliandola contro il muro. Infine, mi rallegrai nel vedere Nostra Signora avanzare tenendo la sua testa tra le mani e sorridere senza rancore nel riempire un calice del sangue che ne sgorgava, la coppa che eravamo soliti usare per mescolare l'aquila bianca che chiamavamo Axir al drago rosso che dicevamo Avas.

In questo modo ottenemmo più tempo e il potere di renderci invisibili dietro l'armadio nel silenzio di Hoor-Paar-Krat e nella potenza di Ra-Hoor-Khuit.

Avevamo perso la testa per entrare nel nuovo mondo; e questo accadde perché avevamo scoperto il modo di vivificare il libro e i suoi sigilli. E di eseguirne il suono:

*Venite tutti, o figli, sotto le stelle, e prendete, riempitevi d'amore.*

Da qui traemmo l'oro.